Jakobsweg - geholfen hat es nicht

© 2020 Andreas Bauer

Autor: Andreas Bauer

Umschlaggestaltung: Andreas Bauer

Fotos: Andreas Bauer

Lektorat, Korrektorat: Lektorat Guaia

Verlag & Druck: tredition GmbH, Halenreie 40-44, 22359 Hamburg

ISBN Hardcover: 978-3-347-21508-5

ISBN Paperback: 978-3-347-21507-8

ISBN eBook: 978-3-347-21509-2

Bibliografische Information der Deutschen Nationalbibliothek: Die Deutsche Nationalbibliothek verzeichnet diese Publikation in der Deutschen Nationalbibliografie; detaillierte bibliografische Daten sind im Internet über http://dnb.dnb.de abrufbar.

Für meine Frau

Ich danke vor allem meiner Frau, weil sie mich hat gehen lassen.

Des Weiteren gilt mein Dank all denen, die mich bei diesem Buch unterstützt haben. Die vielen Namenlosen in Social-Media-Gruppen, die ich mit meinen Fragen gelöchert habe, die Testleser für ihre ehrliche Meinung und natürlich der Lektorin für ihre wertvolle Arbeit.

Und noch mal meiner Frau, für die vielen Stunden, die sie mich hat „etwas machen" lassen, weil sie nicht wusste, dass ich dieses Buch für sie schreibe. Meine Kinder sollte ich auch erwähnen. Sie wussten, was ich mache, und haben mich nicht verpetzt.

Alle Namen von Beteiligten, mit Ausnahme des eigenen, wurden geändert und lassen keinen Rückschluss auf die echten Namen zu.

Aller Anfang ist schwer

Da sitze ich nun. In einem Zug auf dem Weg in ein kleines Dorf in den Pyrenäen. In Saint-Jean-Pied-de-Port beginnt meine Pilgerreise nach Santiago de Compostela, von der ich mir sehr viel verspreche. Der Kalender sagt, es ist Montag. Genauer gesagt der 16. April 2018.
Die Umgebung rauscht an mir vorbei. Alles, was zu nah ist, verschwimmt. Nur die Ferne lässt sich bei der Geschwindigkeit erfassen. Das war auf dem deutschen Teil der Strecke anders. Als wäre ich mit einem Mofa unterwegs gewesen, das ich in Straßburg gegen eine Rennmaschine eintauschte. Doch ich bin gar nicht umgestiegen, es ist derselbe ICE. In Deutschland hält der Zug ständig an irgendwelchen Stationen. Jede Stadt entlang einer ICE-Trasse ist der Meinung, sie wäre wichtig genug, um ein ICE-Bahnhof zu sein.

Nachdem der Wecker neben dem Bett mir heute Morgen um 4.20 Uhr erklärt hat, dass die Nacht vorbei ist, genoss ich noch einmal die eigene Dusche. Auch das Frühstück genoss ich, hatte ich doch überall von einem recht gewöhnungsbedürftigen Frühstück in Spanien gelesen. Es blieb sogar noch Zeit meine Frau in die

Arme zu nehmen, bevor sie mich dann zum Bahnhof fuhr.

Von dort, einem Bahnhof, in der Nähe meines Heimatortes, fuhr ich mit dem Nahverkehrszug nach Frankfurt. Morgens um 5.30 Uhr sind die Züge nicht sonderlich voll. Das kam mir sehr gelegen, denn ich hatte ja einen Rucksack dabei. Nicht den typischen Rucksack, mit dem man in die Arbeit oder zu einem Tagesausflug fährt. Nein, dieses Mal ist er groß. Und er wiegt 14,6 Kilogramm. Das ist natürlich viel zu viel. Zumindest, wenn man die Foren von vorne bis hinten durchliest. Er soll auf gar keinen Fall zehn Prozent des Körpergewichtes überschreiten. Jedenfalls ohne Wasser und Proviant. Und natürlich ohne die Kleidung, die man am Körper trägt. Und um auch ja auf dieses Gewicht zu kommen, bei mir wären es 8,6 Kilogramm, grassieren im Internet allerlei Packlisten, an die man sich halten soll. Wer sich also gerne um Gewichtsunterschiede von einigen Gramm streitet, kann in den Foren reichlich diskutieren. Ich habe einige Teile mitgenommen, die andere für unsinnig halten würden, mir aber wichtig sind. Und so ist mein Rucksack halt ein wenig schwerer. Das sollte im Moment jedoch kein Problem sein, denn ich fuhr ja mit dem Zug. Im Gegensatz zum Nahverkehrszug hatte ich im ICE einen Sitzplatz reserviert, was ab Straßburg sowieso Pflicht wäre. Und da ich die Fahrt genießen wollte, hatte ich mich bei der

Buchung vor drei Monaten dazu hinreißen lassen dreißig Euro mehr auszugeben und dafür erster Klasse zu fahren.

Doch bevor ich mich am gehobenen Equipment der Deutschen Bahn erfreuen konnte, durfte ich noch etwa 45 Minuten den Hauptbahnhof Frankfurt genießen. Mit einer Laugenstange in der Hand schlenderte ich in Richtung Gleis 18, denn dort sollte später mein Zug abfahren. Und da ich noch so viel Zeit hatte, konnte ich mich in Ruhe umschauen. Etwa dreißig Jahre ist es her, dass ich hier regelmäßig entlang hetzte, wie es auch jetzt alle anderen um mich herum taten. Ich war Auszubildender und sowohl mein Ausbildungsplatz, als auch meine Berufsschule waren hier in Frankfurt gewesen. Dreißig Jahre, in denen sich viel am Frankfurter Hauptbahnhof verändert hat.

Am Gleis 18 angekommen, begab ich mich in den markierten Raucherbereich und rauchte noch schnell zwei Zigaretten. Die letzten, für die nächsten vier Stunden. Vier Stunden für die Fahrt von Frankfurt nach Paris. Zwei davon benötigt man für die etwa 210 Kilometer von Frankfurt nach Straßburg. Schneller geht es halt nicht, wenn man zwischendurch in Mannheim und Karlsruhe anhalten muss. Da lohnte es sich, dass kurz nach der Abfahrt in Frankfurt ein Bediensteter der Bahn vorbeikam und fragte, ob man etwas trinken oder essen möchte. Ich nahm nichts, sondern genoss meinen gemütlichen Sitz, den Ausblick und die Ruhe. Mit der Ruhe war es allerdings in Straßburg vorbei. Bahnfahren scheint in Frankreich Volkssport zu sein. Selbst die erste Klasse war jetzt komplett voll. Jetzt machte auch die Reservierungspflicht auf einmal Sinn. Wer möchte schon erster Klasse stehen?

Und dann begann das Erlebnis Hochgeschwindigkeitszug! Kaum aus Straßburg draußen, gleisten wir auf die Hochgeschwindigkeitstrasse auf und der Lokführer durfte den Geschwindigkeitsregler einmal richtig ausnutzen und beschleunigte auf etwa 300 km/h. Nächster Halt Paris. Die rund 450 Kilometer schafften wir in einer Stunde und 47 Minuten.

Da sitze ich nun.

Ich sitze da und denke daran, was mir in den nächsten Wochen bevorsteht und wie viel ich schon hinter mich gebracht habe.

Ende 2016 hatte ich einen Bänderriss im Sprunggelenk. Während des Dienstsports spielten wir Fußball und ein Kollege war nicht damit einverstanden, dass ich den Ball hatte. Seine Idee mir den Ball auf unkonventionelle Art abzunehmen fanden wiederum meine Bänder nicht gut und schon stand ich geschlagene sechs Wochen im Aus. Es mag Berufe geben, bei denen man mit Bänderriss oder halb ausgeheiltem Bänderriss arbeiten gehen kann, Feuerwehrmann gehört leider nicht dazu. Und so ließ ich mir daheim die Decke auf den Kopf fallen. Wieder im Dienst hatte ich irgendwie Probleme, mich wieder einzufinden. Egal, was ich machte, ich hatte das Gefühl, es wäre falsch. Und eines Abends sah ich im Fernseher den Film „Ich bin dann mal weg". Was soll ich sagen: Der Samen war gesät. Ich las Bücher über Bücher, meldete mich in Foren an und stellte das Internet auf den Kopf. Ich saugte förmlich alles über den Jakobsweg in mich auf. So las ich unter anderem, dass das Pilgern auch bei einem Burn-out-Syndrom helfen kann. Das hatte ich zwar nicht, aber die ersten Symptome, wie ständige Müdigkeit, Antriebslosigkeit sowie eine gesenkte Reizschwelle, waren zu erkennen.

Natürlich fiel meiner Frau mein plötzliches Interesse auf, aber ich beruhigte sie erst einmal. Immerhin könnte es ein Strohfeuer sein. Ich bin nämlich prädestiniert für Strohfeuer. Als Drohnen bezahlbar wurden, habe ich alles Mögliche über Drohnen in mich aufgesaugt und wollte eine haben. Nach etwa zwei bis drei Monaten fand ich das Thema zwar noch immer interessant, aber eine Drohne wollte ich nicht mehr.

Mit dem Jakobsweg war es anders. Er faszinierte mich auf so viele Arten, dass ich ihn unbedingt gehen und erleben wollte. Dies jedoch führte unweigerlich zu langen Diskussionen mit meiner Frau. Von „willst du mich verlassen?", als ob wir ein Eheproblem hätten, bis hin zu „du bist ja sonnig" habe ich alle Diskussionen geführt. Sonderlich begeistert war sie nicht, ließ mich aber gehen. Die elf Monate, die bis zu meinem Jakobsweg noch vor mir lagen, waren größtenteils sehr intensiv.

Da ich privat gerne Trekkinghosen trage und beruflich Funktionskleidung besitze, brauchte ich mich darum schon mal nicht zu kümmern. Schuhe waren natürlich ein besonderes Thema. Da ich Einlagen trage, führte mich mein erster Weg zu meinem Orthopädietechniker. Mit den Einlagen ging ich dann Schuhe kaufen und mit den Schuhen wieder zum Orthopädietechniker. Bei einer Probewanderung versagte dann mein 25 Jahre alter Rucksack und ich brauchte einen neuen. Egal wo wir waren, Outdoorläden waren wie ein Magnet für mich. Langsam aber sicher vervollständigte ich meine Ausrüstung. Bei der Arbeit stellte ich einen Antrag auf Abbau von Überstunden. Dort hatte ich das große Glück, dass mir acht Wochen am Stück genehmigt wurden. Ich hatte also viel Zeit für den Weg.

In Paris angekommen, strebe ich in Richtung der U-Bahn Linie vier. Die Schilder, die mir den Weg weisen, sind trotz der Baustelle nicht zu übersehen. Das Ticket für die Fahrt zum Bahnhof Gare Montparnasse habe ich, dank eines Tipps, schon im ICE gekauft. Als meine Fahrkarte von dem dortigen Schaffner kontrolliert wurde, fragte ich nach dem Ticket für die U-Bahn und bekam prompt den französischen Kollegen vorbei geschickt. Auf diese Art musste ich mich wenigstens nicht mit dem Automaten am Bahnhof in Paris auseinandersetzen.

Gleich die erste U-Bahn, die einfährt, ist mit der Nummer 4 versehen. Als sie dann anfährt, bleibt mir nur die Hoffnung, dass ich mich nicht mit der Richtung vertan habe. Etwa 25 Minuten später fahre ich in die Station Gare Montparnasse ein und atme auf. Nun beginnt eine unterirdische Wanderung durch Paris. Die Strecke in der riesigen Röhre ist so lang, dass es Laufbänder gibt, wie sie auch auf großen Flughäfen vorkommen. Es erscheint mir unwirklich eine derart lange Strecke zurückzulegen, wenn man doch an der richtigen Station ausgestiegen war. Aber auch der längste Tunnel endet irgendwann und per Rolltreppe erreiche ich die Bahnhofsvorhalle.

Gar nicht mal so groß, war mein erster Gedanke, als ich in der Halle stand. Und da ich von jetzt an Zeit habe, der Zug fährt erst in etwa eineinhalb Stunden, gehe ich erst einmal zum Rauchen an die frische Luft.

Vor dem Bahnhof sind ein paar kleine Grünflächen mit wenigen Bäumen. Dahinter ein Busbahnhof und links und rechts am Bahnhof vorbei führend, zwei große Straßen. Alle wuseln hektisch umher und versuchen, ihre Verkehrsmittel zu erreichen, während ich mit meinem Rucksack ruhig dastehe und zusehe. Irgendwie fühle ich mich hier in dieser Hektik fehl am Platz, beinahe schon als störendes Element in einem bewegten Bild. Ich muss mir in Erinnerung rufen, dass ich vor einem Bahnhof stehe und nicht in irgendeinem Kurpark.

Ich mische mich wieder unter die Laufenden. Im Bahnhof versuche ich herauszufinden, wo mein Zug nachher abfahren wird. Ohne sonderliche Kenntnisse der französischen Sprache, ich beherrsche lediglich einige Höflichkeitsfloskeln, und nicht der geringsten Ahnung wie der Zugverkehr in Frankreich funktioniert, laufe ich über gefühlte fünf Ebenen, wobei auf vieren davon Züge abfahren. Ich muss mir in diesem Moment erst einmal eingestehen, dass der Bahnhof wohl doch nicht ganz so klein ist, wie ich das beim Betreten der Vorhalle vermutet hatte. Während ich umher irre, sehe ich immer mal wieder Menschen, die offensichtlich dasselbe Ziel wie ich haben: Saint-Jean-Pied-de-Port. Sie sind unschwer an den großen Rucksäcken und den daran baumelnden Jakobsmuscheln, dem Zeichen der Jakobsweg-Pilger, zu erkennen. Ich folge dem Strom, in dem sich diese Pilger befinden und lande kurz darauf an den Ferngleisen. Nun, da ich weiß, wo ich hinmuss, orientiere ich mich neu und gehe erst einmal etwas essen.

Mein Zug ist schließlich auf den Abfahrtsmonitoren noch nicht zu sehen.

Wieder an den Ferngleisen angekommen, sehe ich, wie sich eine Dame mit Händen und Füßen mit einem Bediensteten der Bahngesellschaft unterhält. Wobei unterhalten maßlos übertrieben ist. Sie versucht, etwas zu erklären, und er schaut ganz verzweifelt. Da sie, wie die Muschel verrät, eine Pilgerin ist, gehe ich zu den beiden und versuche zu helfen. Das klappt auch ganz gut. Ulrike, so heißt diese blonde Pilgerin, will wissen, auf welchem Gleis der Zug abfährt. Das ist, wie ich finde, eine durchaus interessante Frage. Als Deutscher ist man gewohnt, dass irgendwo ein Plan aushängt, auf dem sowohl die Ankünfte der Züge aufgelistet sind, als auch, in diesem Fall der wichtigere Teil, die Abfahrten. Hier sucht man einen solchen Plan allerdings vergeblich. Da Ulrike jedoch ausschließlich deutsch spricht und der Mitarbeiter der Bahn nicht, führt die Diskussion schnell in eine Sackgasse. Und wenn man sein Gegenüber nicht versteht, schaut man sich eben verzweifelt an. Ulrike kommt zwar aus dem Saarland, aber das bedeutet offensichtlich nicht unbedingt, dass man ein paar Brocken Französisch kann. Gut, ich kann mit Französisch auch nicht wirklich weiter helfen, da sich meine Kenntnisse ja, wie bereits erwähnt, nur auf das Nötigste beschränken, aber ich kann ein paar Brocken Englisch und das wiederum zaubert dem Mitarbeiter der

Bahn ein Lächeln auf das Gesicht. Nun erfahren wir, was wir unbedingt wissen müssen. Das Abfahrtsgleis wird auf dem Monitor angezeigt, sobald der entsprechende Zug dort abfahrtbereit ist. Auch werden dann erst die Zugänge zu diesem Bahngleis frei geschaltet. Ich vermute, dass der Zug unter Umständen jeden Tag an einem anderen Gleis abfährt. Zu gerne würde ich das, neugierig wie ich bin, mit dem Mann klären. Allerdings hat er immer noch die Schweißperlen von der Hand- und Fuß-Kommunikation mit Ulrike auf der Stirn und so schlucke ich meine Neugier herunter und bedanke mich. Das sogar auf Französisch, diesen Teil kann ich nämlich.

Ulrike und ich unterhalten uns noch ein wenig. Sie kommt, wie erwähnt, aus dem Saarland und lebt dort auf einem Bauernhof. Im Moment ist wohl die Phase, in der am wenigsten Arbeit auf dem Hof anfällt, und so konnte sie ihren Mann für ein paar Tage alleine lassen, um sich ihren Wunsch vom Jakobsweg zu erfüllen. Sie kann zwar nicht den ganzen Weg laufen und will auch nicht jedes Jahr ein Stück davon laufen, aber sie hat vor, ein Stück vom Anfang zu laufen, dann mit dem Bus zu fahren, um anschließend noch die letzten Kilometer nach Santiago laufen zu können. Ich finde es schön, dass sie ihren Traum auf diese Art verwirklichen kann.

Eines der ersten Dinge, die ich über den Jakobsweg gelernt hatte, war, dass jeder seinen Weg läuft, wie er es kann und möchte. Der eine startet vor seiner Haustüre, ein anderer an einer der „100-Kilometer-Punkte". Das sind die Städte, von denen man die Mindeststrecke von 100 Kilometern zu Fuß zurücklegt, um ein Anrecht auf die Urkunde zu haben. Dann gibt es Pilger, die an einem Stück laufen, wieder andere laufen jedes Jahr eine Teilstrecke.

Während wir plappern, erscheint auf dem Abfahrtsmonitor hinter unserem Zug das Abfahrtsgleis und wir laufen los. Magisch, als wäre ein schwarzes Loch aufgetaucht, scheint es auf einmal alle Menschen zum selben Punkt zu ziehen. Aufgehalten werden die Massen nur von der Zugangskontrolle vor dem Bahnsteig. Ähnlich einer Toilettenanlage auf einer deutschen Autobahn-Raststätte, müssen alle Passagiere durch Drehkreuze hindurch, die sich nur dann öffnen, wenn man das Ticket an den dazu gehörigen Scanner hält. Die Bahnfahr-Profis haben ihr Ticket schon alle in der Hand und laufen einer nach dem anderen nach einem Piepston durch die Drehkreuze. Wir fangen erst einmal an nach unseren Tickets zu wühlen und, nachdem wir fündig geworden sind, passieren auch wir die Barriere und verabschieden uns, da wir in unterschiedlichen Abteilen sitzen.

Ich sitze direkt im ersten Wagen oben. Die Sitze selbst sind breit und gemütlich, die Gänge aber recht eng. Im Vergleich zum ICE schneidet der TGV da eher schlechter ab. Natürlich ist auch hier der Zug, wie schon zwischen Straßburg und Paris, komplett gefüllt.

Wenig später setzt sich der Zug in Bewegung. Langsam passieren wir ein Wirrwarr aus Weichen und verlassen Paris. Auf der Hochgeschwindigkeitstrasse angekommen werden wir stetig schneller, ohne dass man es wirklich merkt. Nächster Halt Bordeaux.

Wer aber an Eisenbahn-Romantik denkt, mit dem entsprechendem „dadamm – dadamm", der wird enttäuscht sein. Heutzutage gleitet man geräuschlos dahin und erkennt die Tatsache, dass man sich fortbewegt nur noch an dem verwaschenen Bild der Schallschutzvorrichtungen, wenn man aus dem Fenster schaut. Wahlweise kann man auch auf einen der Monitore schauen. Dort wechselt sich Werbung mit einer Anzeige der aktuellen Geschwindigkeit ab. Aktuell ist das eine Versicherung, die dann von der Anzeige „330 km/h" abgelöst wird.

Aussicht hat man allerdings keine. Dafür ist man aber innerhalb von knapp zwei Stunden in dem 550 Kilometer entfernten Bordeaux. Dort steigt auch ein Großteil der Passagiere aus. Nun, da sich nicht einmal mehr halb so viele Passagiere an Bord befinden, ist der Geräuschpegel massiv gesunken und es wird schon fast gemütlich. Mit der französischen Gemütlichkeit macht man auch sogleich hinter Bordeaux Bekanntschaft.

Keine Hochgeschwindigkeitstrasse, also keine Hochgeschwindigkeit.

Von Bordeaux bis Bayonne sind es etwa 190 Kilometer, also circa ein Drittel der Strecke Paris – Bordeaux. Der Zeitaufwand für die Strecke ist aber der Gleiche. Ganze zwei Stunden! Da kommt man sich nach zweistündiger Fahrt mit über 300 km/h doch ein wenig seltsam vor. Dafür kann man jetzt aus dem Fenster schauen und die Landschaft sehen. Wo keine Trasse ist, fehlt natürlich auch der entsprechende Schallschutz. Die Landschaft entlang dieser Strecke ist so berauschend, dass ich mir einen Schallschutz und eine Trasse wünsche. Der Naturpark der Gascogne besteht aus Kiefernplantagen. Entweder abgeerntet oder noch schön in Reih und Glied am Wachsen. Nach zwei für die Augen qualvollen Stunden, Plantagen finde ich nicht sonderlich schön, steige ich in Bayonne aus dem TGV aus.

Von hier aus geht es mit der Bimmelbahn weiter nach Saint-Jean-Pied-de-Port. Eigentlich. Allerdings ist die Bahnstrecke aufgrund von Ausbesserungsarbeiten gesperrt und es gibt einen Schienenersatzverkehr. Der Bus fährt jedoch vollkommen losgelöst von jeglichen Bahnverkehrszeiten. Und so haben wir, ich bin ja nicht der Einzige, der nach Saint-Jean-Pied-de-Port möchte, anstatt 40 Minuten satte zwei Stunden Zeit zum Umsteigen. Dabei können wir froh sein, dass wir überhaupt fahren können, denn in Frankreich wird der Zugverkehr bestreikt. Tagelang hatte ich mich immer wieder durch das Internet geklickt, bis die französische Gewerkschaft endlich bekannt gegeben hatte, an welchen Tagen gestreikt werde. Mein Reisetag war nicht dabei und trotzdem stehe ich, mit einigen anderen Pilgern, verloren am Bahnhof in Bayonne und warte auf den Bus. Bayonne hat ein paar sehr schöne Ecken und vor allem eine schöne Kirche, aber das ist alles nicht am Bahnhof. Der Bahnhof hat zwar für die Größe der Stadt, sie ist etwa mit Speyer vergleichbar, viele Gleise, dafür ist das Bahnhofsgebäude umso kleiner und bietet, außer einem Fahrkartenschalter, nicht wirklich viel mit dem man sich beschäftigen könnte. An besagtem Schalter steht auch Ulrike an. Ich warte einen Moment, bis sie fertig ist, und wir verlassen gemeinsam den Bahnhof. Die Umgebung ist leider viel zu schnell erkundet. Zehn mal zehn Meter Bahnhofsvorplatz, ein Busparkplatz, der durch eine Baustelle auf zwei Plätze eingeschränkt ist, ein kleiner Parkplatz, eine Fahrspur und vor dem Ganzen eine Straße. Das war es mit Beschäftigung.

Ulrike und ich vertreiben uns die Zeit mit Plappern und je mehr Zeit vergeht, umso mehr Pilger versammeln sich an dem Busparkplatz. Einer davon hat einen sogenannten Pilgerwagen. Er muss seinen Rucksack nicht auf dem Rücken tragen, sondern zieht ihn hinter sich her. Das Konstrukt sieht aus wie eine mittelalterliche Schubkarre. Ein Rad, Ladefläche und zwei Haltestangen. Natürlich ist der Wagen nicht aus Holz, sondern aus Metall. Er wird auch nicht geschoben. Man hat eine Art Tragegestell an, in das der Wagen eingehängt wird, sodass man ihn hinter sich herziehen kann. Einem ersten Eindruck folgend würde ich glatt ein Doppelrad installieren, um dem Wagen mehr Stabilität zu geben, aber vermutlich liegt der Schwerpunkt tief genug, damit der Wagen nicht umkippt, wenn man die Griffe loslässt. Später auf dem Weg stelle ich mir immer mal wieder vor, wie es wäre diese Stelle mit einem solchen Wagen zu passieren und bin froh, dass ich einen Rucksack habe.

Als der Bus kommt, stehen wir mittlerweile mit einem recht ansehnlichen Grüppchen von etwa 40 Personen an der Bushaltestelle. Nicht alle sind Pilger, aber diese stellen eindeutig die Mehrheit dar. Der Busfahrer verstaut nach und nach das ganze Gepäck und dann geht es los. Da es sich um einen Schienenersatzverkehr handelt, fährt der Bus jeden Bahnhof der Strecke an. Der Zug hätte für die Strecke etwa eine Stunde gebraucht und wäre früher gefahren. Der Bus fährt schließlich um kurz vor sieben Uhr und braucht dafür ein bisschen länger. Das tut der Stimmung im Bus aber keinen Abbruch. Es wird geschnattert, gelacht und fotografiert. Dabei kommen wir dem Ziel und damit auch den Pyrenäen immer näher. Kurz vor 20

Uhr stehe ich endlich im Pilgerbüro von Saint-Jean-Pied-de-Port.

Das Pilgerbüro ist die Anlaufstelle Nummer eins für alle Pilger, die in diesem kleinen Ort starten. Ich bekomme dort meinen Pilgerausweis und, gegen eine kleine Spende, eine Jakobsmuschel, um sie an meinen Rucksack zu hängen. Ich erfahre auch, dass die Napoleon-Route morgen offen sein wird. In den Wintermonaten und bei Schlechtwetter-Lagen ist diese Passroute gesperrt. Im Winter, also von Anfang November bis Ende März kostet das Betreten eine Geldbuße von bis zu 12.000 Euro. Ein guter Grund, die Ausweichroute zu wählen. Das Problem habe ich aber nicht. Das Wetter soll gut werden und so ziehe ich los, um mir eine Bleibe für die Nacht zu suchen.

Die Altstadt von Saint-Jean-Pied-de-Port erscheint komplett restauriert. Ein altes Gebäude reiht sich an das nächste. Es ist schade, dass es schon morgen früh weiter geht. Eigentlich müsste man sich für dieses Städtchen ein wenig mehr Zeit nehmen. Etwa 40 Meter von dem Pilgerbüro entfernt finde ich eine private Herberge, von der ich schon im Internet gelesen hatte. Ich stelle mich in der Schlange an und bekomme das drittletzte Bett. Gerade als ich die Anmeldung ausfülle, ertönt von hinten ein „Andreas?".

Ich sehe mich um und vor mir steht Manfred. Manfred habe ich vor ein paar Wochen durch einen Zufall im

Internet kennengelernt. Irgendjemand kam auf die glorreiche Idee, dass jeder, der in diesem Jahr den Camino Francés läuft, sein Startdatum posten sollte. Manfred postete den 17.04. und ich freute mich, dass jemand am selben Tag startete, und schrieb nur drunter „Ich auch". Er meinte daraufhin, dass er derjenige sei, der mit hochroten Kopf die Pyrenäen hinauf schnaufe, worauf ich entgegnete, dass ich dann derjenige sei, der ihm hinterherhechele. Damit hatte sich das Ganze eigentlich auch schon erledigt. Keiner, der sich nicht verabredet, glaubt wirklich daran, jemanden zufällig zu treffen. Und doch standen wir voreinander und stellten fest, dass wir sogar im selben Raum schliefen.

Insgesamt sind neun Schlafplätze in dem Raum. Zwei Doppelbetten werden von zwei asiatischen Müttern mit ihren Kindern belegt. Über den Doppelbetten, quasi dem Stockbett, schlafe auf der einen Seite ich und auf der anderen Michael, ein drahtiger junger Deutscher. Auf der gegenüberliegenden Raumseite stehen drei Einzelbetten. Dort schlafen Manfred, ein wortkarger Ungar und ein Amerikaner namens Logan. In dieser Herberge gibt es noch mindestens zwei weitere Zimmer die, wie es scheint, auch von Asiaten belegt sind.

Manfred, Michael, Logan und ich ziehen noch mal los, da wir alle vier noch nicht zu Abend gegessen haben. Keine fünf Minuten später sitzen wir in einem kleinen Restaurant und freuen uns auf unser erstes Pilgermenü bestehend aus einer Suppe als Vorspeise, einem Hähnchenschenkel mit Kartoffeln und Gemüse sowie einem Stück Kuchen als Nachtisch.

Pilgermenüs sind eine günstige Variante sich auf dem Jakobsweg zu ernähren. Man bekommt für relativ wenig Geld ein Drei-Gänge-Menü mit einem Getränk. Dabei kann man in der Regel zwischen drei Speisen pro Gang auswählen. Beim Getränk hat man meistens die Wahl zwischen Wasser und Rotwein. Wenn man nett fragt, bekommt man aber auch etwas anderes zu trinken dazu. Nach diesem leckeren Essen gehen wir zurück in die Herberge und kriechen in die Betten. Obwohl ich gespannt bin, wie der morgige Tag wird, schlafe ich sofort ein.

Um kurz nach sechs Uhr ist die Nacht dann zu Ende. Die Ersten stehen auf und bereiten sich für den Aufbruch vor. Nach einer Dusche und dem vollkommen unkoordinierten Packen meines Rucksacks, der übrigens zu den leichteren hier im Raum zählt, geht es zum Frühstück. Die Herbergsmutter hat schon alles bereitgestellt, wir brauchen uns nur noch setzen und können frühstücken.

Als wir dann zu dritt vor die Tür treten, ist es noch sehr ruhig. Die Straßen sind leer gefegt und der Nebel schluckt alle Geräusche. Es ist kurz vor acht Uhr. Entweder sind wir die Letzten oder die Ersten, auf jeden

Fall hätte ich erwartet, auf andere Pilger zu stoßen. Wir schauen uns an und laufen los. Die Richtung ist eigentlich nicht zu verfehlen, es geht zwar erst einmal bergab, aber alle paar Meter befindet sich auf dem Boden ein Messing-Pfeil mit einer Muschel, der in Richtung Porte-Notre-Dame zeigt. Durch dieses alte Tor in einem Turm gelangt man aus der Altstadt hinaus, überquert das Flüsschen Nive und ab dann geht es bergauf.

Nach etwa 400 Metern und sage und schreibe 20 Höhenmetern, bittet Manfred darum, dass wir ihm die Wanderstöcke, die an seinem Rucksack befestigt sind, geben. Er steht schnaufend da, der Kopf ist hochrot und auf seiner Stirn befindet sich eine Schweißperle neben der anderen. Ich gehe zu ihm, öffne die Halter an seinem Rucksack und gebe ihm die Stöcke. Er bedankt sich und verabschiedet sich von uns, da er unser Tempo nicht halten kann. Weitere 200 Meter weiter verabschiede ich mich auch von Michael. Er ist, mit seinen zwanzig Jahren weniger auf dem Lebenskonto, wesentlich schneller als ich.

Von nun an laufe ich alleine.

Ich habe mich lange mental auf diesen Tag vorbereitet, indem ich mir immer wieder gesagt habe, dass es verdammt anstrengend wird. Die zu bewältigende Strecke ist 26 Kilometer lang und eine solche Strecke mit über 16 Kilogramm Gepäck auf dem Rücken zurückzulegen, ist in einem untrainierten Zustand, also in meinem Zustand, wirklich anstrengend. Wenn dann noch ein Höhenunterschied von knappen 1300 Metern hoch und 500 Metern runter hinzukommt, dann ist man auf der ersten Etappe des Jakobsweges angekommen. Der Vorteil ist, dass der Rucksack immer leichter wird, da ich ja zwei Liter Wasser dabei habe, die ich nach und nach austrinke.

Nach etwa acht Kilometern sind die zwei Liter leer und ich bin in Orisson angekommen. Etwa zweieinhalb Stunden habe ich bis hierher gebraucht und unterwegs, aufgrund der Steigung und der damit verbundenen Anstrengung, immer wieder an Manfred denken müssen. Orisson ist sowohl eine Bar als auch eine Herberge. Um hier übernachten zu können, muss man allerdings im Vorhinein ein Bett buchen. Je nach Saison muss dies sogar bis zu drei Wochen vorher erledigt werden. Ich nutze die Bar für eine kleine Pause. Mit einer Cola und einem belegten Baguette setze ich mich auf die Aussichtsterrasse und genieße den Blick über die umgebende Landschaft. Im Pilgerbüro gestern hieß es nur, dass das Wetter gut werden würde. Das war maßlos untertrieben. Nachdem ich Saint-Jean-Pied-de-Port verlassen und ein paar Höhenmeter erklommen hatte, löste ich mich aus dem Nebel und über mir erschien ein Himmel, der von einem Horizont zum anderen nur eine Farbe kannte, und das war Azur. Nicht einmal ein kleines Stückchen einer Wolke war zu sehen. Blickte man nach unten in die Täler, sah man den Nebel, durch den man gelaufen war. Alle Täler waren mit diesen tiefen Wolken gefüllt und hin und wieder schauten sanfte Hügel hervor. Ein Anblick, wie man ihn üblicher weise nur aus Bilderbüchern kennt.

Nachdem ich mein Geschirr wieder abgegeben habe, fülle ich meinen Trinkwasservorrat auf, denn bis nach Roncesvalles gibt es nur noch den Roland-Brunnen und der ist in seiner Funktion wohl nicht sonderlich zuverlässig.

Gut erholt nehme ich um 11.15 Uhr die letzten 17 Kilometer in Angriff. Waren auf dem bisherigen Weg links und rechts immer mal wieder Büsche, Bäume und vereinzelt Häuser zu sehen, wandelt sich die Umgebung nun langsam in eine reine Graslandschaft. Vereinzelt sieht man schroffe Felsen, die aus den Grasflächen heraus ragen. Auf einem größeren Felsen steht die „La vierge de Biakorri", die Jungfrau von Biakorri. Sie ist die Hüterin der Hirten und soll die Tiere vor Blitzeinschlägen schützen. Den Pilgern soll sie Mut machen und den Weg weisen. In der Ferne hört man einige Kuhglocken läuten, zumindest wären das bei uns Kuhglocken. Hier hängen sie an den Hälsen der Pferde, sodass sie in der Graslandschaft, eine einzige riesengroße Pferdeweide, nicht verloren gehen. Immer wieder hört man entlang des Weges die Glocken der Pferde läuten und vereinzelt hat man das Glück und sieht einige davon grasen. Auch wenn sowohl vor als auch hinter einem immer irgendwelche Pilger zu sehen sind, so ist man hier doch ziemlich allein mit seinen Gedanken. Da die Strecke langsam ziemlich anstrengend wird, versuche ich, meine Gedanken in eine moralische Unterstützung zu lenken. Heraus kommt ein Lied: „Das Wandern ist des Müllers Lust". Und so ein Lied kann ziemlich lange in einem Kopf kreisen. Es kann sich auch verändern. Man glaubt gar nicht, wie viele Berufsgruppen auf einmal Lust zum Wandern haben. Selbst als einige Geier über mir kreisen, lenkt mich das nur kurz von diesem tollen Lied ab.

Kurz bevor man Frankreich verlässt, gilt es noch einen Hügel zu erklimmen. Dafür darf man die asphaltierte Straße verlassen, der man, seit Orisson, gefolgt ist und sich auf einen lehmigen Pfad begeben, der sich bei Regenwetter bestimmt besonders nachhaltig im Rückblick einnistet. Kaum in Spanien angekommen, beginnen links und rechts Wälder zu sprießen. Die Bäume sind klein, sehr knorrig gewachsen und stark bemoost. Wenn es jetzt nebelig wäre, was es wohl häufig genug zu sein scheint, würde ich mich in keiner Weise darüber wundern, wenn ein Troll meinen Weg kreuzen würde. Auf Trolle stoße ich aber bei dem Wetter nicht, dafür aber auf ein Schneefeld, das in einer schattigen

Kuhle sein Dasein fristet.

Vorbei an der Roland-Quelle, die heute tatsächlich Wasser führt, komme ich zum Refugio Izandorre.

Das Wort „Refugio" lässt sich mannigfaltig übersetzen und auf noch mehr Arten verwenden. Viele Herbergen tragen dieses Wort in ihrem Namen, hat es doch so Bedeutungen wie „Obdach" oder „Schutz". In diesem Fall ist die zutreffende Übersetzung: „Schutzhütte".

Während meiner Vorbereitungen war ich per Zufall auf diese Hütte gestoßen und hatte sie, nach einigen Recherchen, als Notunterkunft abgespeichert. In Notfällen sollte man möglichst gut vorbereitet sein. Dieser Tatsache ist es auch geschuldet, dass ich ein sogenanntes „Notbiwak" im Rucksack rumschleppe. Rumschleppen ist bei 120 Gramm natürlich relativ und das Packvolumen entspricht einer normalen Getränkedose, aber für die Gewichtsextremisten ist sogar das vollkommen überflüssig. Ich will aber auf Nummer sicher gehen. Sollte ich, aus welchen Gründen auch immer, mitten in den Pyrenäen übernachten müssen, so kann ich mit meinem Schlafsack in mein tragbares „refugio", also den Notbiwak, schlüpfen und dort bis zum nächsten Tag schlafen. Die Pyrenäen sind ein Hochgebirge und die Nähe zum Atlantik macht das Wetter nicht unbedingt berechenbarer. Sicherheit wird auch von spanischer Seite aus sehr groß geschrieben, deshalb steht hier auch diese Schutzhütte. Fest gemauert, mit einer Türe versehen, gemauerten Bänken, einem offenen Kamin, Feuerholz und einer Notrufeinrichtung. Dazu kommen entlang des Weges in regelmäßigen Abständen nummerierte Pfosten. Auf diese Art kann man im Falle eines Notrufs immer den exakten Standort durchgeben. Ich habe das Glück, dass ich keine dieser Hilfen in Anspruch nehmen muss.

An der zweiten und auch letzten Notrufstation, am Col de Lepoeder, mache ich, wie viele andere, eine Pause. Dieser Pass ist, mit 1429 Metern Höhe, der Höchste auf dieser Etappe und auf dem gesamten Weg des Camino Francés nach Santiago, zählt er als zweithöchster Punkt, nach dem Cruz de Ferro. Neben der Notrufsäule gibt es hier ein paar Sitzmöglichkeiten und einen Blick über ganz Navarra. Zumindest hat es den Anschein, als könne man den gesamten Landesteil überschauen. Dank des guten Wetters sieht man von hier aus die schneebedeckte Gipfel der Pyrenäen und rund herum sanfte Hügel und tiefe Täler. Das heutige Etappenziel, das Kloster von Roncesvalles, ist ebenfalls zu sehen. Über den Kronen der Bäume, die die Hügel überziehen, kann man die Dächer des Klosters erkennen und freut sich, dass man es geschafft hat. Zumindest habe ich mich gefreut und übertrage das auch auf andere. Nach der Pause stapfe ich also mit einem siegessicheren Lächeln auf den Lippen los.

Nebenbei sei erwähnt, dass mittlerweile auch der Bäcker, der Pfarrer, Schneider, Küfer und der Schmied die Lust am Wandern entdeckt hat, denn das Lied geistert immer noch in meinem Kopf herum.

Es gilt ein relativ großes Schneefeld zu durchqueren und dann muss man sich entscheiden. Links herum, einem Rinnsal folgend, der steile, aber kurze Weg. Bei schlechtem Wetter wird dringend davon abgeraten, diesen Weg zu nutzen, da er dann sehr schlammig und somit auch rutschig sein soll. Halb rechts der etwas längere Weg, der zum Alto de Ibañeta führt, an dem eine Pilgerkapelle steht. Von dort aus geht es über gut begehbare Wege zum Kloster.

Da das Wetter nicht regnerisch ist und ich ja nur etwa 500 Meter runter muss, nehme ich natürlich die kurze Variante.

Nachträglich betrachtet fällt mir dazu nur eins ein: Was war ich doch naiv!

Ich folge also dem kleinen Rinnsal und tauche wieder einmal in einen Wald ein. Dieses Mal ist das Waldstück nicht ganz so verwunschen und schön wie die Vorherigen auf der anderen Passseite. Vielmehr ähnelt es jetzt den heimischen Buchenwäldern, sodass man meinen könnte, man gehe irgendwo in Deutschland durch einen Wald. Allerdings würde man dann nicht durch ein Bachbett laufen. Und nichts anderes ist aus diesem Weg und dem Rinnsal mittlerweile geworden.

Das Rinnsal ist durch diverse kleine Zuläufe etwa 40 bis 50 Zentimeter breit geworden, hat aber dankenswerterweise nur eine Tiefe von ein bis zwei Zentimeter. Es wäre also kein Problem, hier entlang zu laufen, wenn dieser Matsch nicht wäre. Dieser, gepaart mit dem Gefälle, macht den Weg zu einer einzigen Rutschbahn. Den eingangs erwähnten Regen braucht es dafür nämlich nicht, da das Bächlein ja schon Wasser mitbringt. Wer jetzt meint, dass man so was ja mal 500 Meter aushalten könne, der sei daran erinnert, dass es sich um 500 Höhenmeter handelt und die Laufstrecke ja nicht lotrecht nach unten verläuft, sondern knappe sechs Kilometer lang ist. Nach etwa zwei Kilometern verlässt der kleine Bach den Weg und man kann endlich wieder matschfrei laufen. Eine kleine Biegung des Weges nach rechts und man steht vor einer Steigung. Ich bin ein wenig fassungslos, verwirrt und irgendwie ratlos. Die Euphorie vom Pass, dass ich es geschafft habe, ist nun endgültig dahin. Die Beine bestehen, so macht es zumindest den Anschein, nur noch aus Schmerzen. Muskeln, Sehnen, Gelenke – selbst die Knochen scheinen vor Schmerz zu schreien.

Die letzten Kilometer Richtung Kloster haben es auf dieser Strecke richtig in sich. Und gerade als man meint, dass wenigstens der Weg besser wird, steht man vor einer Steigung. Vor einer Steigung an einem Punkt, von dem aus man eigentlich nur noch runter muss und nicht hoch. Schließlich liegt das Kloster ja unterhalb von dem jetzigen Standort. Fassungslos wie ich bin, setze ich mich an den Wegesrand auf einen dort liegenden Baumstamm und mache erst einmal eine Pause. Tief durchatmen, etwas trinken und einen Energieriegel, der als Notreserve gedacht war, können ja nicht schaden. Wie sehr man sich doch irren kann.

Die Pause selber war gut. Ich konnte meine Gedanken ein wenig sortieren und mich mental auf die Steigung einstellen. Doch dann wollte ich aufstehen. Der erste Versuch endete nach dem Anspannen der Muskeln. Sofort waren die Schmerzen wieder da und die Muskeln verweigerten jede weitere Anstrengung. Eine gefühlte Viertelstunde später stand ich endlich wieder aufrecht und die gesamte Erholung der Pause war hinüber. Also hätte ich auch gleich weiter gehen können. Da jammern aber nicht hilft, gehe ich langsam und motivationslos weiter. Nachdem der Weg irgendwann eine Linkskurve vollzieht, obwohl das Kloster definitiv weiter rechts liegt, ist mir schließlich alles egal und ich setzte einfach nur noch einen Fuß vor den anderen.

Ich hatte mich, wie gesagt, mental auf diesen Tag vorbereitet. Ich wusste, dass er hart werden würde, und habe das in meinen Gedanken wie ein Mantra wiederholt. Dummerweise endete mein Gedanke immer am Pass, weil es ja dann nur noch runter geht. Natürlich weiß ich, dass bergab nicht toll ist, aber auf diversen

Wanderungen mit 25 und mehr Kilometern habe ich eine Technik entwickelt. Man muss leicht in die Knie gehen. Dadurch gehen die Stöße, die durch das Bergabgehen entstehen, nicht auf die Kniegelenke, sondern in die Muskeln. Heute durfte ich erleben, was passiert, wenn nicht nur die Knie, sondern auch die Muskeln am Ende sind.

Kurz vor 6.00 Uhr erreiche ich, vollkommen erschöpft, das Kloster. Egal ob physisch oder psychisch. Ich bin am Ende. Um mir die Schuhe auszuziehen, muss ich mich setzen. Aber wie geht das? Und nachdem mir die nötigen Bewegungen wieder eingefallen sind, darf ich mir zusätzlich noch überlegen, wie ich meinen geschundenen Körper dazu bringe, diese Bewegungen auszuführen. Heraus kommt dabei mehr ein hinplumpsen als ein hinsetzen. Aber man soll ja das Positive sehen: Ich sitze. Natürlich nicht lange, denn die niederländische Hospitalera möchte mir zeigen, wo ich schlafen kann und hüpft, kaum das ich wieder stehe munter los. Das Ganze gestaltet sich in einem Tempo, dem ich beim besten Willen nicht folgen kann. Ich bitte sie ein wenig langsamer zu gehen und scheine dabei so verzweifelt auszusehen, dass sie sich bei mir entschuldigt. Sie ist richtig glücklich. Das sieht man ihr an. Es macht ihr Spaß, hier ankommenden Pilgern alles zu zeigen. Zumindest strahlt sie förmlich mit dem ganzen Körper Glück aus. Vielleicht bilde ich mir das auch nur ein, weil ich so gepeinigt bin, aber für mich strahlt sie so viel Glück aus, dass ich mich noch ein wenig aufraffen kann.

Mein Bett befindet sich im Dachgeschoss. Grob geschätzt stehen hier etwa 40 Einzelbetten immer paarweise in einer Nische. Sie sehen aus wie lauter Doppelbetten, nur dass zwischen ihnen eine hohe Bretterwand ragt, die sie teilt. Jede Nische hat einen Gang, links und rechts davon stehen Betten und am Ende eines jeden Bettes ist ein kleiner Schrank für den Rucksack. Insgesamt erscheint das Mobiliar sehr neu und durch die ahornfarbenen Bretter sehr freundlich. In den anderen Etagen sieht es ganz ähnlich aus, nur das dort, aufgrund der größeren Deckenhöhe, in jeder Nische zwei Doppelstockbetten stehen.

Folgt man dem großen Flur zwischen den Nischen zum Ende des Raumes, erreicht man die ebenfalls neuen sanitären Anlagen. Nachdem ich mein Bett bezogen und geduscht habe, fühlt sich mein Körper gar nicht mehr so schlimm an. Das ist gut so, denn ich muss ja noch zum Abendessen in ein Restaurant und das erreicht man nur zu Fuß.

Wissen Sie eigentlich, wie toll ein Fahrstuhl ist? Früher empfand ich einen Fahrstuhl einfach nur als angenehm. Lästiges und anstrengendes Treppensteigen können damit einfach umgangen werden. An diesem Abend jedoch huldige ich regelrecht demjenigen, der auf die Idee kam nicht nur Waren, sondern Personen mit einem Lift zu transportieren. Und meine Knie danken es diesem Menschen auch. Mit eben einem solchen Fahrstuhl fahre ich nach unten, denn das Restaurant, in dem es das Essen gibt, ist außerhalb der Klosteranlage. Etwa 250 Meter muss man bis dorthin laufen. Eigentlich nicht weit, aber nach einer Pyrenäenüberquerung ein Grund die Nase darüber zu rümpfen. Vor dem Restaurant hat sich bereits eine kleine Menschentraube gebildet, da es erst ab 19 Uhr öffnet.

Als es so weit ist, gehen alle ruhig und gesittet in den Raum und suchen sich einen Platz. Ich hatte schon mit drängeln und schubsen gerechnet, aber das bleibt aus. Die meisten Tische sind lang und gerade, mit zwölf Sitzplätzen, wobei die Stirnseiten frei bleiben. Ich bekomme einen Platz an einem runden Tisch, an dem insgesamt acht Personen sitzen können. Einer dieser Personen kommt auf die Idee, dass jeder sagen soll, aus welchem Land er komme. So erfahre ich, dass ich mit einem Argentinier, einem Australier, zwei Italienern, einer Süd-Koreanerin, einer Engländerin und einem weiteren Deutschen am Tisch sitze. Auf diese Art wurde das Eis gebrochen und jeder verfällt mit irgendeinem Nachbarn in ein Gespräch. Das Menü wird, wie üblich, aus je drei Vorspeisen, Hauptspeisen und Nachtischen ausgewählt und die Getränke werden von uns zusammen gefasst, sodass wir dann vier Flaschen Wein und vier Flaschen Wasser auf dem Tisch haben. Kaum das sich jeder an den Getränken bedient hat, kommt auch schon das Essen. Munter plaudernd wird dieses vertilgt und jeder freut sich, dass er hier ist und nicht irgendwo in den Pyrenäen liegen geblieben ist. Es macht Spaß, mit so vielen Nationen an einem Tisch zu sitzen und zu plaudern.

Der Spaß hört nach dem Essen aber sofort wieder auf. Zumindest bei mir. Das liegt aber nicht an den Pilgern, sondern beruht eher auf der Tatsache, dass wir mit dem Essen fertig sind und zurück ins Kloster müssen. Zu Fuß. Man kann ziemlich lange für 250 Meter brauchen. Zumindest brauche ich ziemlich lange dafür und lenke mich dabei, immer wieder, mit fotografieren, von meinen Schmerzen ab. Die Gebäude wurden schön hergerichtet und werden anscheinend auch gut gepflegt. An der zum Kloster gehörenden Kirche angekommen, muss ich feststellen, dass ich für den Gottesdienst leider schon zwanzig Minuten zu spät bin. Das finde ich sehr schade, da die Kirche sehr schön sein soll, und ich den spanischen Gottesdienst gerne miterlebt hätte, um auch am Ende den Pilgersegen zu bekommen. Jetzt noch hinein gehen möchte ich aber nicht, damit ich den Gottesdienst nicht störe. So führt mich mein Weg weiter zu der Herberge, in der ich den Aufenthaltsraum aufsuche. Dort gibt es freies WLAN und so kann ich kostenlos per Messenger mit meiner Frau telefonieren. Natürlich weiß ich, dass ich, dank Roaming, zum selben

Tarif wie in Deutschland mit meiner Frau telefonieren kann, jedoch habe ich meine normale SIM-Karte zu Hause gelassen und stattdessen die Karte meines Tablets in mein Telefon eingesetzt. Das hat den Vorteil, dass mich niemand anrufen oder anschreiben kann, da, außer dem engsten Familienkreis, niemand diese Telefonnummer kennt. Nebenbei habe ich auch acht Gigabyte Datenvolumen in diesem Vertrag. Bei meinem Handy wären es nur vier gewesen.

Nach dem Telefonat begebe ich mich, natürlich unter Nutzung des Fahrstuhls, ins Dachgeschoss und lege mich in mein Bett. Mein Handy zeigt mir einen Schrittrekord von 46254 Schritten an. Ich staune und möchte den Tag Revue passieren lassen. Aber was soll ich sagen. Um sechs Uhr geht das Licht an und ich wache auf. Das mit dem „Revue passieren lassen" muss ich wohl noch üben.

Gott sei Dank keine Pyrenäen mehr

Das Aufstehen ist erstaunlich einfach. Natürlich merke ich, was ich meinem Körper gestern angetan habe. Die Gelenke zeigen mir mit sanften Schmerzen, dass sie existieren, und die Muskeln sowie Sehnen drücken ihre Anwesenheit ähnlich aus. Sie leisten ihren Dienst. Zwar widerwillig, aber sie machen immerhin das, was ich will. Und ich will ins Bad, um mich frisch zu machen. Frisch machen ist natürlich relativ zu sehen. Ich putze mir die Zähne, wasche Gesicht sowie Hände und das war es dann auch schon. Die Kleidung von heute Nacht lasse ich praktischerweise gleich an, ein Paar frische Socken, Hose, Pulli und schon wird der Rest im Rucksack verstaut.

Als Erstes geht es zum Frühstücken. Ich bin sehr gespannt, denn es ist das erste Frühstück in Spanien und so erfahre ich heute, ob die Gerüchte darüber stimmen. Dafür muss ich erst wieder aus der Herberge raus, in ein Lokal, aber nicht dasselbe wie zum Abendessen am Vorabend. Dieses Mal geht es etwas den Berg hinauf. Oben angekommen, erkennt man, anhand von mindestens dreißig am Gebäude stehenden Rucksäcken, wo es das Frühstück gibt. Ein Blick in das überfüllte Lokal lässt auch mich den Rucksack draußen abstellen. Dann zwänge ich mich in das Lokal und finde einen freien Platz. Die Platzvergabe ist einfach geregelt. Wo niemand sitzt, ist ein Platz frei. Hier kommt niemand auf die Idee zu warten, bis ein Tisch frei ist, man setzt sich einfach dazu. Nur geredet wird dabei nicht sonderlich viel. Den meisten hier ist die Müdigkeit, die in ihren Knochen steckt, anzusehen. So sitzen die meisten schweigend da und verzehren, wie ich, eine Scheibe Weißbrot. Oben leicht getoastet, unten mit zartem Röstaroma, dazu Butter und Marmelade und zu trinken Orangensaft und Kaffee. Ein in Folie eingepackter kleiner Zitronenmuffin rundet die Gerüchte über das spanische Essen vollends ab. Um nicht negativ zu sein – es macht einigermaßen satt.

Das Bezahlen erledige ich, wie die meisten, mit einem Bon, den ich gestern Abend zusammen mit dem Abendessensbon und der Übernachtung bezahlt habe. Das spart hier die Hin- und Herschieberei des Geldes und vor allem spart es Zeit, aber auch das Trinkgeld.

Frisch gestärkt ziehe ich los. Das Straßenschild mit dem Schriftzug „SANTIAGO DE COMPOSTELA 790" passiere ich mit einem lächeln, schließlich habe ich die Pyrenäen gemeistert. Der Weg verläuft zunächst an der Hauptstraße entlang. Ein mit Büschen und Bäumen bewachsener Grünstreifen zwischen der Straße und dem Weg, lässt ihn einsam erscheinen. Einsam allerdings nur in Bezug auf die, in der Nähe befindliche, Straße. Denn es ist hier alles, nur nicht einsam. Ich laufe in einer einzigen Schlange von Pilgern. Egal ob ich vorausschaue oder zurückblicke. Wie an einer Perlenschnur aufgereiht läuft ein Pilger hinter dem anderen her. Anscheinend bin ich in dem Hauptschwung gelandet. Lange hat das aber keinen Bestand. Schon in der nächsten Ortschaft verteilt sich der Pulk. Die einen gehen in einen Supermarkt, um dort einzukaufen, andere suchen die nächste Bar auf, um dort zu frühstücken.

In Spanien ist eine Bar eine Mischung aus Café und Kneipe. Es ist also nichts Verwerfliches daran, morgens um neun Uhr in eine Bar einzukehren. Gegen zehn Uhr auch nicht, da brauche ich nämlich eine Toilette und nutze die Gunst der Stunde um mir in Perfektem kastilisch, das ist die Sprache, die wir mit Spanisch meinen, eine Cola zu bestellen. Meine möchtegern-perfekt-höfliche Bestellung lautet „una Cola por favor". So viel zu meinen Spanischkenntnissen. Der Wirt schaut mich seltsam an. Ich vermute, er ist erstaunt ob meiner Bestellung auf Spanisch. Das ist er auch. Eine Dame hinter mir sagt irgendetwas mit „Coca-Cola" zum Wirt, seine Gesichtszüge hellen sich auf und ich bekomme meine Cola.

Die Dame hinter mir, ebenfalls eine Deutsche, klärt mich dann auf. Das Wort „Cola" bedeutet in Spanien „Schwanz". Ich habe mit meinen perfekten Spanischkenntnissen also ganz höflich einen Schwanz bestellt.

Mit einem schlechten Gewissen, aber dem Gedanken wieder etwas gelernt zu haben, bezahle ich und gehe hinaus in den Hof. Ich suche mir einen freien Platz und genieße die Sonne. Heute sollen es 24 Grad werden und so, wie es aussieht, behalten die Wetterfrösche recht.

Mit mir am Tisch sitzt unter anderem ein Pilger-Trainer. Er läuft jedes Jahr mehrfach einige Etappen ab dem Ort Roncesvalles, und begleitet Pilger um ihnen, gegen Bezahlung, den richtigen Laufstil mit Stöcken beizubringen. Ich vermute, dass es einige Pilger gibt, die, nachdem sie die Pyrenäen überquert haben, froh darüber sind, wenn ihnen jemand zeigt, wie man mit den Trekkingstöcken umgeht. Ich selbst hatte vor dem gestrigen Tag noch nie Stöcke verwendet und es brauchte eine Weile, bis mein Körper mit ihnen harmonierte. Ab diesem Zeitpunkt habe ich die Stöcke nicht mehr weggelegt.

Zum Abschluss meiner Pause mache ich das, was mich eigentlich zu der Pause getrieben hat. Ich suche die Toilette auf.

Augenblicklich erlebe ich eine Zeitreise. Vor fast dreißig Jahren habe ich einen Zelturlaub in Südfrankreich gemacht. Und dort habe ich zum letzten Mal eine solche Toilette gesehen. Sie sieht aus wie eine Duschwanne, die einen übergroßen Ablauf ohne Deckel hat. Links und rechts vor diesem Loch, etwa dreißig Zentimeter von diesem entfernt, befinden sich Erhöhungen für die Füße. Das Ganze nennt sich im Fachjargon Hockklosett. Man steht mit den Füßen auf den Erhöhungen und geht in die Hocke, mit dem Po in der Luft. Dabei zielt man auf das Loch und legt los. Wohl dem, der Zielen kann. Bei mir funktioniert es noch.

Dem aufmerksamen Pilger eröffnet sich hier auf dem Jakobsweg eine interessante Welt. Am Rand des Weges wachsen unzählige Blumen, man läuft durch Wälder, die ausschließlich aus Buchsbäumen bestehen und teilweise einen Tunnel bilden, durch den man hindurchgeht. Und dann laufen auf einmal Kühe durch den Wald. Ja, ich meine die Kühe, die bei uns in Deutschland mit einem bisschen Glück auf einer Weide stehen dürfen. Ein Stück weit begleiten sie mich, bis der Wald endet und eine Wiese anfängt. Dort bleiben die Kühe stehen und fangen an zu grasen.

Da ich nun wieder Fernsicht habe, schaue ich mir die weiter entfernten sanften Hügel an. Mein schweifender Blick bleibt jedoch an drei Buchstaben hängen. An einem Berghang in etwa zwei Kilometer Entfernung steht tatsächlich in großen Buchstaben „SOS". Ich fange an, über den Sinn dieser Buchstaben zu sinnieren. Das Signal SOS stammt aus der Schifffahrt. Genauer gesagt aus der Zeit des Morsens in der Schifffahrt. Dreimal kurz, dreimal lang, dreimal kurz. Das Ganze bitte ohne Pause zwischen den Buchstaben, das ist ein Notsignal und bedeutet „save our souls", „rettet unsere Seelen".

Mein Sinnieren endet schlagartig, als ich vor einer Steigung stehe. Es geht einige Meter hoch, nur um im Anschluss anderthalb mal so viele wieder herunter zu laufen. Für meine Knie ist Spaß eindeutig etwas anderes. Aber was soll ich mich beschweren, es hilft ja nichts. Und wenn es doch hilft, dann sammel ich erst einmal weiter, denn ich stehe vor der nächsten Steigung. Um mich abzulenken, summe ich ein Lied vor mich hin. „Das Wandern ist des Müllers Lust" zieht heute irgendwie nicht so ganz, also blättere ich kreuz und quer durch meinen Kopf, wie durch eine Jukebox, und suche Lieder raus, die ich dann summen kann.

Wie immer ist auch dieses Mal nicht die Steigung das Problem, sondern das anschließende Gefälle. Zweihundert Höhenmeter muss ich hinunter gehen und meine Knie und Muskeln fangen an, gar fürchterlich mit mir zu schimpfen.

Im Tal angekommen, gilt es einen etwa sechs Meter breiten Bach zu überqueren. Die Pilger sammeln sich an den Bachufern. Die, die vor dem Bach sind, überlegen, wie man diesen am besten passiert. Die Pilger hinter dem Bach trocknen ihre Füße und erwarten gespannt die Entscheidungen der Pilger, die noch hinüber müssen.

Ein kleiner Weg, der einen Bach quert, hat hier keine Brücke. Hier ist jedoch eine Furt, eine flache Stelle im Bach, für eventuelle Fahrzeuge und Trittsteine für die Fußgänger. Hier ist alles neu angelegt worden. Sowohl die Furt, wie auch die Trittsteine, sind aus Beton und weisen keine Mängel auf. Das Problem liegt hier vielmehr in den Ästen, die sich an den Trittsteinen verfangen haben und das Wasser stauen. Dadurch werden die Trittsteine etwa fünf Zentimeter hoch überspült und das Wasser würde in einen normalen Schuh hineinlaufen. Ein paar Pilger verweigern sich dem Spaß, es sind immerhin 20 Grad und strahlender Sonnenschein, und gehen etwa zwanzig Meter zurück. Dort kann man auf die Nationalstraße wechseln und den Bach auf der dortigen Brücke überqueren und behält so auf jeden Fall trockene Füße. Die meisten Pilger geben sich aber dieser Herausforderung hin und ziehen ihre Schuhe sowie die Socken aus und laufen barfuß entweder über die Trittsteine, was sicher ist, oder aber durch die Furt. Da Letztere dauerhaft unter Wasser steht, befindet sich dort ein rutschiger Algenbelag, dem auch tatsächlich ein Pilger zum Opfer fällt. Er steht aber wieder auf und geht weiter. Tropfend unter dem Gejohle der dortigen Pilger kommt er am anderen Ufer an und darf sich erst einmal trocken legen. Ich beschließe, die Trittsteine zu nehmen, lasse aber meine Schuhe an. Da ich zum Umknicken neige, habe ich mir hohe Wanderstiefel gekauft, relativ feste Schuhe, die auch für Gebirgstouren geeignet sind. Und diese sind, wie ich nun feststellen darf, tatsächlich wasserdicht. Ich bekomme für meine Leistung zwar keinen Applaus, wie der Pilger der ausgerutscht war, dafür bin ich aber trocken. Darauf gönne ich mir in der nächsten Bar erst einmal eine „Coca-Cola", man ist ja lernfähig, und einen Bocadillo. Ein Bocadillo ist ein Sandwich oder belegtes Brötchen. Nur mit einem kleinen Unterschied bezüglich der Größe. In diesem Fall handelt es sich um ein halbes Baguette. Satt bin ich also.

Aber was hilft satt sein, wenn man den Weg nicht findet? Soweit kommt es im nächsten Dorf. Am Dorfanfang lächle ich noch über ein Schild mit der Telefonnummer und dem Wort „Taxi". Ideen haben sie schon, die Spanier. Mitten im Dorf angekommen, sagt meine App, dass ich rechts abbiegen soll, allerdings fehlt sowohl die Muschel, als auch der gelbe Pfeil, der den Verlauf des Jakobsweges markiert. Natürlich sagt jegliche Vernunft sofort, dass die App schon recht hat, sie zeigt ja auch den weiteren Verlauf an. Wenn aber im Gegenzug jede Muskelfaser einen beschimpft, dass man ja einen totalen Sockenschuss hätte, auch nur zu erwägen, dass die App recht hätte - dann darf man schon mal überlegen. Das Problem liegt darin, dass der eingezeichnete Weg steil nach oben führt. Und lang ist er auch noch.

Die Lösung bringt ein alter Herr mit. Ich verstehe zwar nur zwei Wörter von dem, was er sagt, aber das reicht. Er zeigt nämlich bergauf und erwähnt „Camino Santiago". Für etwa eineinhalb Kilometer geht es von nun an bergauf. Die meiste Zeit davon so steil, dass der Weg betoniert ist und diagonale Rillen hat, um das eventuelle Regenwasser seitlich abzuleiten. Oben angekommen, stelle ich fest, dass es nun noch steiler bergab geht, als es gerade noch hinauf ging. Heute Morgen war ich so froh gewesen, dass ich die Pyrenäen bezwungen hatte. Meine mentale Vorbereitung galt immer diesem einen Tag über die Pyrenäen und dann werde alles gut. Nur ein richtig anstrengender Tag. Und jetzt? Jetzt wird mir bewusst, dass die Pyrenäen nicht plötzlich aufhören, sondern Ausläufer haben. Aber warum muss man unbedingt quer zu den Ausläufern laufen? Leider hilft das ganze Gemotze nichts. Fünfzehn Kilometer bin ich heute bis hierher gelaufen und bin genauso fertig wie gestern nach der kompletten Etappe.

Da ich hier oben auf der Bergkuppe aber nicht übernachten möchte, laufe ich weiter. Die Wege sind geschottert und vereinzelt schauen Steinbrocken aus dem Weg heraus, auf denen man deutlich die Verwerfungslinien erkennen kann. Der Wald hat sich von knorrigen alten Buchsbäumen, die mit Moos überwuchert waren, in einen reinen Kiefernwald gewandelt. Die letzten Kilometer des Tages, führen über den Grat eines

Berges, nach unten in ein Tal. Eine letzte Versorgungsstation auf einem Wanderparkplatz wird nicht nur von mir gerne angenommen. Den meisten Pilgern hier sieht man die Anstrengung an und jeder ist froh, hier den Zuckerhaushalt unterstützen zu können. Auf der letzten Etappe kreist in meinem Kopf das Lied „Drunken Sailor" und die Hoffnung, endlich in Zubiri anzukommen. Als wenn es eine Abschlussprüfung gäbe, wird es kurz vor Zubiri so steil, dass ich froh bin, Trekkingstöcke zu haben, mit denen ich mich abstützen kann, zumal meine Knie vor lauter Schmerzen fast taub sind.

Das Highlight von Zubiri ist die Tollwut-Brücke. Dreimal soll man das Vieh um den Mittelpfosten der Brücke herum treiben, um Selbiges vor der Tollwut zu schützen. So fertig, wie ich bin, mache ich ein lustloses Foto und laufe weiter in Richtung Herberge. Kurz nach vier Uhr erreiche ich die öffentliche Herberge. Sie ist in dem ehemaligen Schulhaus von Zubiri untergebracht und hat, auf der der Straße zugewandten Giebelwand, ein sehr schönes Bild, das den Jakobsweg darstellt. In dem Schlafsaal, der mir zugewiesen wird, stehen zehn Doppelstockbetten und ich belege das letzte Bett. Dankenswerterweise ist es eins der unteren Betten, dafür aber direkt neben der Toilette. Die Toilettennähe versucht man, bei der Wahl des Schlafplatzes gerne zu vermeiden, da jeder, der des Nachts die Toilette aufsucht, an einem vorbei läuft und man alle Geräusche der Toilette wahrnehmen kann. Da ich aber in diesem Fall keine Wahl habe, gilt es diese Herausforderung zu meistern.

Beim Anmelden bekam ich ein Spannbettlaken sowie einen Kopfkissenbezug. Beides zum einmaligen Gebrauch vorgesehen, aber praktisch. Man spart sich dabei die Nutzung des eigenen Inletts. Inletts beziehungsweise ein Hüttenschlafsack wird von vielen Herbergen aus hygienischen Gründen vorgeschrieben, damit niemand direkt auf der Matratze schläft. Tatsächlich brauchte ich meins relativ selten, da oftmals diese Einmal-Laken ausgegeben werden. Wer ein Problem mit Schlafsäcken hat, weil er mehr Beinfreiheit brauch, der kann natürlich auch ein eigenes Laken mitnehmen und das verwenden. Der Vorteil eines Hüttenschlafsacks besteht in der Einstecktasche für das Kopfkissen. Kopfkissen werden in der Regel nicht gestellt, aber man sich aus dem Schlafsackbeutel und einem Pulli ein Kopfkissen basteln, also ist das auch kein wirklicher Vorteil.

Hier bleibt mein Inlett im Rucksack und nur mein Schlafsack wandert auf das Bett. Nachdem das Bett gemacht ist, gehe ich duschen und muss, wohl oder übel, Klamotten waschen. Da ich das in Roncesvalles nicht gemacht habe, ich war einfach zu fertig, habe ich jetzt, bis auf ein paar Socken, keine saubere Kleidung mehr. Das saubere Paar Socken sind meine Notfallsocken. Zum Wandern habe ich extra doppellagige Wandersocken gekauft, hatte diese aber nie wirklich ausprobiert.

Also habe ich mir ein weiteres Paar Socken eingepackt, falls ich in den Wandersocken Blasen bekomme. So könnte ich mit den Ersatzsocken bis zur nächsten Stadt laufen, um mir dort neue Wandersocken zu kaufen. So war zumindest der Plan. Da ich schlecht alle Klamotten waschen kann, ich habe ja dann nichts mehr zum Anziehen, wasche ich einen kompletten Satz, also T-Shirt, Unterhose und Socken und das zweite Paar Wandersocken, für die ich ja Ersatz habe.

Als Abendschuhe habe ich, praktisch denkend wie ich bin, Flip Flops eingepackt. Die kann man nämlich sowohl zum Duschen nehmen, als auch abends noch schnell etwas essen gehen. Ganz so praktisch, wie ich mir das ausgemalt hatte, war es dann leider doch nicht. In Flipflops lässt sich nämlich ganz schlecht laufen, wenn man Socken an hat. Ich könnte die Socken natürlich ausziehen, aber dafür bin ich wohl dann doch zu deutsch. Da Zubiri praktischerweise einen Laden mit Wanderschuhen hat, gönne ich mir ein Paar Trekking-Sandalen. Sie machen das Laufen wesentlich einfacher, allerdings nicht schmerzfreier. Aber immerhin habe ich jetzt Schuhe, die mir nicht von den Füßen fallen. Die Flipflops sind ab sofort ausschließlich zum Duschen gedacht.

Zum Abendessen spricht man deutsch. In der örtlichen Bar treffe ich auf zwei Österreicher, die schon zwei Plätze für Pilgerbekanntschaften freihalten. Kurz nach mir kommt noch Horst aus dem Ruhrgebiet, und ein weiterer Deutscher dazu, sodass wir kurzerhand ein paar Tische zusammenstellen, um zusammensitzen zu können. Das Menü wird von den beiden Österreichern individuell zusammengestellt. Die beiden können Spanisch und so lassen wir uns einfach überraschen, was da auf uns zukommt. Das Essen wird kurzerhand in die Mitte des Tisches gestellt und jeder isst, wozu er Lust hat. Die Rechnung wird schließlich durch alle geteilt und jeder ist glücklich. Nur die Getränke gehen extra. Das ist auch gut so, denn während die beiden Damen gerade mal ein Glas Wasser trinken, frönt der Rest, mal mehr mal weniger, dem cerveza. Dem Bier.

Auch der lustigste Abend geht auf dem Jakobsweg zu Ende, wenn sich die Zeiger der 22-Uhr-Markierung nähern. Das ist nämlich die Zeit, zu der die Herbergen in der Regel schließen. Vereinzelt gibt es auch welche, die das nicht so eng sehen und in Hotels darf man kommen und gehen, wie man möchte. Tatsächlich ist das hier aber der einzige Abend, an dem ich mich daran erinnern muss, zeitig in der Herberge zu sein. Meistens war ich sehr müde und froh darüber, wenn ich schlafen konnte. Wenn man denn schlafen kann.

Gerade auf dem Jakobsweg existieren es viele Gründe, warum das schwierig werden könnte. Es gibt viele Leute, die nicht schlafen können, weil ihnen Gedanken durch den Kopf gehen. Dann wären da die

Schallpegelempfindlichen, die schon beim leisesten Geräusch hellwach sind. Und welche, die sich am Schnarchen anderer stören, was gar nicht so selten ist, aber der Knaller sind diejenigen, die die Schnarcher vom Schnarchen abhalten wollen. Man stelle sich einen Raum vor, in dem zwanzig Personen liegen. Einer, wirklich nur ein einziger, fängt an, in normaler Lautstärke zu schnarchen. An sich ist das kein Problem, denn der gut vorbereitete Pilger besitzt Ohrstöpsel. Aber dann kommen fünf bis sechs Spezialisten auf die Idee, den Schnarcher dazu zu bringen, sich zu drehen, damit er eben nicht mehr schnarcht. Und wie macht man das? Zu Hause im eigenen Bett wird der Lebenspartner mal kurz angestupst, aber zum Anstupsen müsste man hier aufstehen und unter Umständen den ganzen Raum durchqueren nur um anschließend wieder zurück ins Bett zu laufen. Das möchte aber keiner, also werden Geräusche gemacht. Und so fangen die ganzen „Spezis" an zu husten, mit der Zunge zu schnalzen, zu zischen, „Hey" zu rufen und so weiter. Das Einzige, was sie damit erreichen, ist ein Zimmer voller wacher Menschen. Bis auf einen und der schnarcht. Das ist tatsächlich so vorgekommen. Zwar nicht hier, aber später, in Castrojeritz. Hier scheint jeder tief und fest zu schlafen.

Nur ich wache ständig wieder auf. Erst ist mir warm, also schiebe ich meine Decke auf die Seite. Dann friere ich, also ziehe ich die Decke wieder über mich.

Und dann? Schwitze ich wieder. So geht das die ganze Zeit. Egal, was ich mache, ich finde nicht die Stellung, in der die Decke so viel meines Körpers freilegt, dass ich nicht schwitze, aber genug bedeckt, um nicht zu frieren. Und während ich kurz davor bin, dem Wahnsinn zu verfallen, stelle ich fest, dass sich die Klimaanlage ständig ein und wieder aus schaltet. Nach drei Schaltzyklen steht fest, dass genau dieses Ding schuld an meiner Misere ist. Kaum, dass sich die Anlage einschaltet, fange ich an zu frieren. Schaltet sie sich aus, fange ich augenblicklich an zu schwitzen. Das Problem ist der Installationsort der Anlage. Sie hängt etwa drei Meter über mir. Und da kann ich noch froh sein, dass noch jemand über mir liegt. Ob der die Nacht überlebt hat, in diesem Wechselbad der Temperatur-Gefühle, werde ich nie erfahren, denn trotz des Lärms der durch das Packen der Rucksäcke entsteht, schläft er weiter. Wahrscheinlich weil er endlich schlafen kann. Die Klimaanlage hat sich nämlich, pünktlich um sechs Uhr, mit dem Einschalten des Lichts abgeschaltet.

Die Wäsche von gestern ist leider nicht ganz trocken geworden und so hänge ich sie außen an meinen Rucksack, damit sie unterwegs trocknet. Da nun beide Paare meiner Wandersocken am Rucksack hängen, muss ich halt in den Reservesocken wandern. Auf diese Art kann ich heute wenigstens testen, ob sie als Rückfallebene geeignet sind.

Gegen sieben Uhr verlasse ich die Herberge und bete, dass ich nie wieder eine solche Nacht haben werde. Ich laufe an der hiesigen Bar vorbei. Sie lockt zwar mit Frühstück, aber ich muss mich erst einmal aufwärmen. Durch die ständigen Temperaturwechsel in der vergangenen Nacht friere ich, als wäre ich dünn bekleidet durch eine Winterlandschaft gelaufen. Außerdem gibt es ja in jedem Ort irgendeine Bar, in der man frühstücken kann. Und wieder einmal muss ich feststellen, wie sehr man sich doch irren kann.

Da ich ja gestern so mit den Steigungen und Gefällen zu kämpfen hatte, habe ich, um mich seelisch und moralisch auf den heutigen Tag vorzubereiten, einen Blick in den Pilgerführer geworfen, um mir das heute zu bewältigende Höhenprofil anzusehen. Das hat mich aufgebaut. Heute gilt es nur geringe Höhenunterschiede zu bewältigen und die Route verläuft nur sachte bergauf. Insgesamt gesehen, geht es sogar weiter bergab. So passiere ich die Tollwutbrücke und folge dann dem Verlauf des Rio Arga. Der etwa acht Meter breite Fluss fließt recht gemütlich etwa drei bis vier Meter unterhalb des Weges dahin. Das Flussbett ist von Kies und grobem Geröll geprägt und lässt die Quelle des Flusses im Gebirge vermuten. Für diese Herkunft fließt der Fluss erstaunlich ruhig und sanft daher. Im Verlauf des Weges stelle ich jedoch fest, dass der Fluss durchaus auch etwas anderes kann, als sanft daher zu fließen. Der Weg ist, obwohl er auch hier etwa drei bis vier Meter oberhalb des Flusses verläuft, fast komplett von angeschwemmtem Treibholz versperrt. Was für Regenfälle einen acht Meter breiten Fluss derart ansteigen lassen, möchte ich mir lieber nicht vorstellen.

Auf dem Jakobsweg kommen immer mal wieder Passagen, die landschaftlich oder städtebaulich nicht unbedingt schön sind. Hier im Tal des Arga handelt es sich um ein Tagebauwerk, in dem Magnesit abgebaut wird. Die Strecke verläuft teilweise über das Werksgelände und es wird, mittels Schildern, darum gebeten auf den Werksverkehr zu achten. Der Zustand des Weges lässt erahnen, dass die hiesige Firma für die Instandhaltung sorgt. So ist nicht nur der Weg gut begehbar, auch stehen über den Abschnitt verteilt, Informationstafeln. Mal geht es um die Verwendung des abgebauten Magnesits, ein anderes Mal um die Entstehung der Erdschichten dieser Region. Auch auf die Natur wird hingewiesen. Die ist zwar nur am Rand des Steinbruchs vorhanden, aber es sieht halt gut aus, wenn man schöne Natur zeigt. Auch diese Firma möchte ein gutes Image haben. Gar nicht schön finde ich die Höhenunterschiede auf dem Weg. Auf kurzen Abschnitten wird es immer mal wieder ziemlich steil. Steil genug, um eine Treppe zu bauen. Das hat die Firma auch gemacht. Es sind hervorragende Treppen und neben den Treppen ist eine Spur, damit Fahrradpilger ihr Fahrrad nicht über die Treppe schieben müssen. Auch diese Spur ist perfekt befestigt. Aber mein Körper hasst es. Die Knie hassen die Stufen runter und meine Muskeln hassen die Stufen hoch. Auf dem Höhenprofil war das alles natürlich nicht zu sehen, da die Abschnitte zu kurz sind, um sie darzustellen. Und so hoffe ich darauf, dass endlich ein Ort mit einer Bar kommt, damit ich endlich frühstücken kann. Warm genug ist es mir dank der Treppen mittlerweile ja.

Schade ist nur, dass die Strecke sich nicht so gnädig erweist, mir im nächsten Ort eine Bar anzubieten. Die erste Bar befindet sich in Zuriáin und das ist neun Kilometer von Zubiri entfernt. Bis ich dort ankomme, habe ich meinen letzten Ernährungsnotgroschen, eine Packung Kekse, verspeist, was meinen Magen aber nicht freundlich stimmt. Wenn ich mir überlege, dass neun Kilometer fast die Hälfte meiner heutigen Strecke sind, könnte ich, anstatt zu frühstücken, auch mittagessen. Wie man das Essen nennt, das ich gleich zu mir nehme, ist mir jetzt, da ich in der Bar angekommen bin, egal. Hauptsache ich bekomme etwas. Natürlich ist es hier sehr voll, denn ob man gefrühstückt hat oder nicht, nach neun Kilometern möchte man mal eine kleine Pause machen.

Von nun an geht es erst einmal ein Stück an einer Nationalstraße entlang. Die ist hier schnurgerade und sieht nagelneu aus. Also läuft man hier besser nicht auf der Straße, sondern einen Meter daneben durch das

Gras. Eigentlich folge ich ja nur dem dortigen Trampel-pfad, aber nachdem die ersten Autos an mir vorbei geheizt sind, weiß ich, warum der Trampelpfad so einen großen Abstand zur Straße hat. Nach gefühlten fünf Kilometern, tatsächlich ist es etwas weniger als einer, verlässt man die Nationalstraße wieder und folgt erneut dem Verlauf des Rio Arga. Es ist schon ungemein prak-tisch, wenn der Fluss, an dem man zuletzt übernachtet hat, auch dorthin fließt, wo man hin möchte. Da Wasser dank der Physik nicht bergauf fließen kann, wird es ein toller Tag. Jedenfalls bis zu dem Moment, in dem man rechts abbiegt, den Fluss verlässt und vor einem Berg steht, dessen Wege so steil sind, dass sie mit Stufen ver-sehen wurden. Natürlich gibt es auch Wege, die am Fluss entlang führen und dementsprechend flach verlaufen. Vielleicht war das auch früher mal der Jakobsweg, aber jetzt zeigt die Muschel nicht weiter Richtung Tal, son-dern den Berg hinauf.

Immer wenn es zwei Wege gibt, von denen der eine flach ist und der andere steil, bergauf oder bergab, führt der Jakobsweg garantiert nicht über den flachen Weg. Genauso verhält es sich mit gut ausgebauten Wegen und steinigen Trampelpfaden, die womöglich gleichzeitig ein Bachbett sind. Es ist nie der einfache Weg. Auf dem Jakobsweg ist das so auffällig, dass man das schon als eine Art Lebensweisheit sehen kann. „Der leichte Weg ist der Falsche." Und wie beim letzten Mal, als es anstrengend wurde, fängt mein Kopf auch heute an, in seiner Jukebox zu blättern, um nach ein paar angespielten Liedern, bei „Codo" (ich düse, düse, im Sauseschritt) von DÖF hängen zu bleiben. Ich mache zwar alles außer düsen, aber dafür interessieren sich meine Hirnwindungen offensichtlich nicht. Auf halber Höhe des Berghangs neigt sich der Weg wieder und verläuft von hier an tatsächlich bis zum nächsten Ort nahezu eben. Für das einzige Tal, das es zu überqueren gilt, gibt es eine Brücke, die eine Autobahn überspannt. Wären hier keine Wegweiser, würde ich glatt glauben, dass ich mich verlaufen habe. Der Weg ist viel zu gut.

In Villava, quasi einem Vorort von Pamplona, lege ich eine längere Pause ein. Zwischen mehrstöckigen Wohn- und Geschäftshäusern finde ich einen kleinen Platz, in dessen Mitte ein einzelner Baum steht. Am Rand entlang stehen einzelne Sitzbänke, es ist schattig und somit perfekt für eine Mittagspause geeignet. Schließlich ist es bereits 13 Uhr und auch heute ist am Himmel keine Wolke zu sehen. Praktischerweise gibt es hier auch ein Tabakgeschäft. Ich kann also meinen Wunsch, das Rauchen aufzugeben, noch ein wenig verschieben. Nichts ist schöner als eine Ausrede.

Kurz vor Pamplona wird einem vor Augen geführt, dass es auch hier Wohnbereiche gibt, in denen der Müll einfach auf die Straße geworfen wird. Wer auch immer hier, derart abgeschieden, zwei Mehrfamilienhäuser genehmigt hat, der gehört erschlagen. Ein letztes Mal überquert man den Rio Arga und vor einem breitet sich die Altstadt von Pamplona aus. Eigentlich breitet sie sich nicht aus, sie thront. Sie thront, umgeben von einer Wehranlage, wie sollte es anders sein, auf einem Berg. Natürlich ist der Berg nur etwa dreißig Meter hoch, aber Berg ist Berg und ein Berg bedeutet Schmerzen. Die Schmerzen werden in diesem Fall allerdings durch die Wegführung in die Stadt versüßt, als wolle man den Pilger milde stimmen. Durch eine Parkanlage zwischen den Wehranlagen hindurch, geht es zum Portal de Francia.

Durch die Gassen Pamplonas steuere ich die öffentliche Herberge an. Diese befindet sich in einer alten Kirche und hat über hundert Betten. Allerdings hört sich das im ersten Moment schlimmer an, als es tatsächlich ist. Die Betten verteilen sich in zwei Flügeln. Jeder Flügel hat zwei Etagen und von dem Laufflur in dieser Etage gehen, acht Nischen ab, in denen immer zwei Doppelstockbetten stehen. Also gar nicht so schlimm. Na gut, die Etagen sind offen und theoretisch kann man einen Ball von einem Flügel zum anderen werfen, weil dieser Übergang oben herum offen ist, aber wenn man alleine in einem Zimmer schlafen möchte, muss man eben in ein Hotel gehen und entsprechend mehr bezahlen. Ich finde es schön hier. Es ist sauber, es gibt eine kleine Bibliothek, einen ruhigen Innenhof sowie einen Waschraum. Total fasziniert bin ich von dem Waschbecken dort. Aus Porzellan gefertigt, befindet sich im hinteren Teil ein tiefes Waschbecken, in dem man die Kleidung einweichen kann und vor dem Waschbecken ist tatsächlich ein Waschbrett, über das man die Kleidung drüber rubbelt. Natürlich geht man auch hier mit der Zeit und bietet Waschmaschine und Trockner gegen eine kleine Gebühr an, aber das kann ja jeder! Mit voller Begeisterung stürze ich mich auf dieses Waschbecken und übe mich in der Handwäsche. Böse Zungen behaupten, man erkenne den Deutschen an einem namhaften Waschmittel aus der Tube. Ich oute mich nicht als Deutscher, ich habe zum Waschen meiner Kleidung nämlich mein Duschgel vorgesehen und wie man an dem nun schmutzigen Waschwasser erkennen kann, funktioniert das auch. Trocknen darf die Wäsche anschließend an einer vorhandenen Wäscheleine im Innenhof. Die einzige Schwierigkeit besteht darin, einen Platz für die eigenen Wäschestücke zu finden. Ich verteile meine Sachen an drei Leinen und muss mir merken, wo die Sachen hängen.

Nach der Körper- und Kleidungswäsche widme ich mich meiner Blase. Die Idee mit den Ersatzsocken war, wie ich feststellen muss, nicht wirklich gut. Beim Laufen hat sich wohl irgendwie eine kleine Falte gebildet und hat am großen Zeh für eine Blase gesorgt. Sie ist nicht wirklich besorgniserregend. Mit ihren vier Millimetern Durchmesser handelt es sich für einen Pilger um eine eher sehr kleine Blase, aber bevor mehr daraus wird, muss ich sie verarzten. Also klettere ich auf mein Bett, desinfiziere Nadel und Faden und steche sie quer durch die Blase. Was bei normalen Blasen aufgrund ihrer Ausdehnung recht einfach ist, erweist sich bei der Größe meiner Blase allerdings als ziemlich fuddelige Arbeit. Schließlich schaffe ich es aber, ohne mir dabei in den Fuß zu stechen. Auf beiden Seiten der Blase lasse ich ein paar Millimeter Bindfaden stehen und schneide den Rest ab. Nun kann die Wundflüssigkeit aus der Blase ablaufen. Sticht man diese nur auf, verschließt sich das Loch wieder und die Flüssigkeit staut sich erneut. Das wird durch den Faden verhindert.

Es bleibt für mich die einzige Blase auf dem gesamten Weg. Nicht nur die Wandersocken haben sich somit bewährt, sondern auch das Schuhwerk. Nach der passenden Größe ist bei den Schuhen das Einlaufen sehr wichtig. Viele Pilger machen vor dem Jakobsweg einige Wanderungen, um, unter anderem, die Schuhe einzulaufen. Das wollte ich aber nicht. Ich habe stattdessen die Wanderschuhe angezogen, als wären es ganz gewöhnliche Straßenschuhe. Etwa sechs Monate lang hatte ich sie getragen, bevor es schließlich ernst wurde. Und es hat sich bewährt. Die Schuhe haben auf dem gesamten Weg keine Probleme gemacht. Zugegeben, ich habe die Füße regelmäßig dick eingecremt, damit die

Haut schön geschmeidig ist, aber auch das habe ich, nachdem die Tube leer war, genauso ausklingen lassen wie das Magnesium in der Trinkblase des Rucksacks und die Einnahme eines homöopathischen Mittels gegen Muskelkater. Und das obwohl ich mir kaum etwas schlimmeres vorstellen kann, als Muskelkater von einer Tätigkeit, die man fortsetzen muss.

Während meine Wäsche trocknet, erkunde ich die nähere Umgebung. Dee Tour beginnt an der Kathedrale und anschließend streife ich durch die Gassen der Altstadt. Aufgrund eines Tipps gehe ich zum Essen in eine Tapas-Bar in der Calle Mercaderes. Wer möchte, kann dort in ein Fast Food-Restaurant gehen, aber ich gehe zwei Eingänge weiter. Es tut mir leid, das sagen zu müssen, aber ich habe noch nie etwas so Leckeres gegessen. Als mehr oder weniger typischer Deutscher kenne ich mich nicht sonderlich gut mit Tapas aus, was allein schon daran erkennbar ist, dass es sich hier nicht um Tapas, sondern um Pinchos handelt. Das habe ich aber erst viel später erfahren. Die Auslage in dieser Bar war lang, gut gefüllt und sah auch lecker aus. Da ich mich aber, wie erwähnt, nicht auskenne, bat ich den netten Herrn hinter der Theke, mir etwas zusammen zu stellen. Ansprechend angerichtet und jedes Stück für sich eine für mich interessante Zusammenstellung von Nahrungsmitteln, stand der Teller dann vor mir. Da das Auge bekanntlich mitisst, waren meine Erwartungen ziemlich hoch. Und sie wurden bei Weitem übertroffen. Mit jedem Bissen sind meine Geschmacksknospen auf der Zunge explodiert. Ich habe keine Ahnung, was genau das alles war, was ich da gegessen habe, aber es war so gut, dass ich mir eine zweite Portion bestellte. Ich hätte auch noch eine dritte Portion genommen, aber leider war in meinem Magen kein Platz mehr vorhanden. Sollte ich irgendwann noch mal nach Pamplona kommen, werde ich auf jeden Fall wieder dort einkehren.

Nach diesem sehr leckeren Essen brauche ich einen Verdauungsspaziergang. Die umgebenden Häuser bilden mit ihren fünf bis sechs Stockwerken Schluchten, die keinen Überblick zulassen. Durch eine dieser Schluchten hindurch fällt mein Blick auf einen Kirchturm. Somit steht die Richtung fest. Am Rathaus vorbei, Pamplona hat wirklich wunderschöne Gebäude, treffe ich auf eins der seltsamsten Kirchengebäude, dass ich je gesehen habe. Üblicherweise besteht eine Kirche aus einem Hauptschiff, einem Turm und einem Nebenraum, in dem sich der Pfarrer vorbereitet. Größere Kirchen haben zusätzlich noch Nebenschiffe oder ein Querschiff, vielleicht auch zwei Türme, ganz große Sakralbauten auch beides und im Zweifel noch ein paar Kapellen, die von den Seitenschiffen abgehen. Aber immer alles schön sortiert. Hier ist gar nichts sortiert. Gefühlt stimmt hier auch gar nichts. Das fängt schon mit den drei Türmen an. Zwei davon sollen auch Türme sein, das andere eine

Kuppel. Die Kuppel sieht aber von außen aus wie ein Turm. Innen ist die Kirche genauso konfus aufgebaut, wie es die Dächer auf einer Luftbildaufnahme erahnen lassen und doch sind die Sitzbänke und der Altar völlig geordnet. Alles so, wie man es kennt, nur das rundherum wirkt seltsam. Während ich in dem Hauptgang zwischen den Sitzbänken stehe, um mich zu orientieren, erlöschen die Hauptlichter der Kirche und ein Pfarrer erscheint mitsamt seinen Messdienern. Letztere nehmen seitlich ihre Plätze ein und der Pfarrer tritt an den Altar.

Um nicht unhöflich zu wirken, husche ich schnell in eine Sitzreihe und nehme Platz. Ein paar Meter vor mir rutscht ein junges Paar, mit einem genauso erstaunten Gesicht wie dem meinen, ebenfalls in eine Sitzreihe. Das scheinen aber Spanier zu sein, denn im Gegensatz zu mir, können die beiden mitsingen, während ich ruhig dasitze und alles auf mich wirken lasse. So zum Nichtstun gezwungen, schweifen meine Gedanken ein wenig ab und kreisen quasi um die Sinnhaftigkeit den Jakobsweg zu gehen und diese Strapazen, vor allem aber die Schmerzen auf sich zu nehmen. Es heißt immer, dass jeder auf dem Jakobsweg weint. Hier ist es soweit.

Mit verquollenen Augen verlasse ich nach dem Gottesdienst die Kirche, die jetzt leider schließt. Planlos laufe ich durch die Straßen von Pamplona, bis ich auf der Plaza del Castillo regelrecht aufwache. Ich habe nicht mehr die geringste Ahnung, wie ich hierher gekommen bin. Alles ist voller Touristen. Wo man hinsieht, säumen Cafés und Bars den Rand des Platzes, an dem schon Hemingway residiert hat. Er ist hier derart präsent, dass sogar ein Döner-Restaurant nach ihm benannt ist. Mir ist das alles gerade zu viel und so gehe ich zurück in die Herberge. Allerdings muss ich dazu erst einmal mein Handy bemühen, da ich keine Ahnung habe, in welche Richtung ich überhaupt gehen muss. In der Herberge angekommen, ziehe ich mich in die Bibliothek zurück und vervollständige meine Notizen.

Dank moderner Technik kann ich feststellen, dass ich bereits fast 130.000 Schritte gelaufen bin. Das sind über 40.000 pro Tag. Bis vor ein paar Tagen wäre ich vermutlich stolz gewesen, dass ich über 70 Kilometer gelaufen bin. Heute bin ich müde und möchte in mein Bett. Nach einem Telefonat mit meiner Frau liege ich dann auch um kurz nach 22 Uhr in diesem und schlafe umgehend ein. Auch wenn die Herberge als sehr hellhörig bezeichnet wird und viele Menschen letztendlich in einem Raum schlafen, bekomme ich davon nichts mit.

Der Berg der Läuterung

Heute werde ich sanft von zwei hübschen Brasilianerinnen geweckt. So könnte man es zumindest ausdrücken. Die beiden Damen, und ich glaube ihr Vater, sind der Meinung, sie müssten um 05.15 Uhr aufstehen, ihren Kram packen und gehen. Und eben davon werde ich wach. Die erste Variante der Geschichte hört sich natürlich viel besser an, die zweite entspricht allerdings eher den Tatsachen. Ich weigere mich, aufzustehen, und drehe mich noch mal um.

Ab sechs Uhr ist allerdings nicht mehr an Schlaf zu denken. Überall stehen die Pilger auf, packen ihre Sachen und erledigen die Morgentoilette. Notgedrungen quäle auch ich mich aus dem Bett und bereite mich auf den heutigen Tag vor. Um kurz vor sieben Uhr trete ich vor die Herberge und muss feststellen, dass sich das frühe Aufstehen nicht wirklich lohnt, da es noch dunkel ist. Ein paar Dehnungsübungen vor dem Start in den heutigen Tag und siehe da, die Bar gegenüber der Herberge öffnet ihre Pforten und bietet Frühstück an. Wer kann dazu schon Nein sagen? Zumal kurz hinter Pamplona der Höhenzug des Alto del Perdón auf den Pilger wartet.

Offiziell „Berg der Läuterung", wäre er aber auch mit „Berg der Vergebung" übersetzbar. Egal wie man ihn übersetzt, er liegt knapp 350 Meter höher als Pamplona und dazwischen liegt noch eine Senke. Dann kann man wenigstens Anlauf nehmen.

Aber jetzt gibt es erst einmal eine Tasse Kaffee, ein Glas Orangensaft, dazu eine Scheibe Zwieback und einen in Folie eingeschweißten Zitronenmuffin sowie ein Croissant. Kurz überlege ich, ob ich die Erdbeermarmelade aus der Plastikverpackung auf den Muffin streiche, entscheide mich dann aber doch für das Croissant als Marmeladenträger. Aber so gewöhnungsbedürftig, wie ich das Frühstück finde: Immerhin ist der Kaffee überall sehr lecker.

Auf diese Art gestärkt, folge ich der Muschel durch Pamplona. Diese ist hier aber nicht aufgemalt oder besteht aus dem ebenfalls typischen gelben Pfeil. Hier in Pamplona ist, etwa alle fünf Meter, eine Metallplatte in den Bürgersteig eingelassen, auf der die Muschel zu sehen ist. Die Richtung, in die man gehen muss, kann man auf zwei Arten erkennen. Entweder man schaut die Straße entlang und sieht die nächste Metallplatte, was bei den geringen Abständen der Platten recht einfach ist, oder man achtet auf die abgebildete Muschel. Für die letzte Variante sollte man allerdings wissen, dass das Zentrum des Muschel-Emblems, also dort, wo alle Strahlen hinführen, Santiago ist. Dort muss man also hin. Wenn man die Muschel falsch deutet, also der Meinung ist, dass die Strahlen in dem Punkt beginnen und nach außen zeigen, also wie Lichtstrahlen, die die Lichtquelle verlassen dies tun, der läuft halt von Santiago weg. Als kartografisch gebildete Person kann man auch einfach Richtung Westen laufen, denn das ist es, was man auf lange Sicht macht.

Heute geht es aber erst einmal Richtung Süd-Westen. Genau Richtung Westen stehen nämlich Gebäude im Weg und auch sonst sei geraten, sich an den Markierungen zu orientieren, das ist auf Dauer nicht so mühsam wie ständig querfeldein zu laufen. Vorbei an alten Gebäuden, schönen Torkomplexen und durch den Park am Fuße einer alten Zitadelle führt der Weg aus Pamplona raus. Es ist eine Schande, dass man keine Zeit hat, sich die ganzen Sehenswürdigkeiten anzuschauen. Kaum aus Pamplona raus passiert man die „Universidad de Navarra". Ein Schild an der Zufahrt weist darauf hin, dass man hier einen Stempel bekommen kann. Natürlich bekommt man die Stempel üblicherweise nicht in Universitäten, aber in diesem Fall wundert es mich eher, dass man hier nicht auch noch übernachten kann. Es handelt sich hier um eine private Universität, die von Opus dei, einer streng katholischen Organisation, geleitet wird. Da man aber, um den Stempel zu bekommen, einen Umweg laufen müsste und ein Pilger die Eigenart besitzt Umwege zu meiden als würden sie die Pest bedeuten, folge ich weiter der Muschel und lasse Pamplona endgültig hinter mir.

Von nun an geht es stetig bergauf. Anfangs noch an einer recht stark befahrenen Ausfallstraße entlang, wechselt die Strecke nach zwei kleineren Ortschaften von der Straßenansicht auf eine Feldansicht. Mal mit freiem Blick über die Felder und Wiesen, mal von Büschen eingefasst, lässt es sich hier sehr angenehm laufen. Begleitet wird man dabei von dem Gesang einiger Vögel, die sich offensichtlich an die Pilgerschar gewöhnt haben. Lautstark nach Weibchen rufend, sitzen sie in etwa drei Metern Entfernung auf den hohen Zweigen der Büsche. Dass einige Pilger sogar für kurze Momente stehen bleiben und sie bei ihren Bemühungen beobachten, ignorieren sie einfach.

Bis zum, nächsten Ort laufe ich mit zwei Deutschen, die ich zufällig treffe, da auch ich den Vögeln zugehört hatte. Einer von ihnen ist ein Minimalist. Die Minimalisten unter den Pilgern haben sich bezüglich ihres Gepäcks massiv eingeschränkt. Natürlich hat hier niemand viel Gepäck dabei, aber in der Regel trägt man einen Rucksack im Bereich von 40 bis 50 Liter Packvolumen mit sich herum. Die Minimalisten haben oft nicht einmal die Hälfte davon. Dafür müssen sie bei einem Kälteeinbruch damit leben, dass es unterwegs kühl ist und man besser keine Pause im Freien macht. Ich könnte im Gegensatz dazu, einfach eine Fleecejacke aus meinem Rucksack holen. Es lebe das Zwiebel-System. Die Wettervorhersage für heute sagt allerdings wolkenloses Wetter mit 21 Grad, und in den nächsten Tagen bis zu 26°C Grad voraus. Mein Fleece-Pulli dient also weiterhin nur als Kopfkissen für die Nacht.

An der Kirche des letzten Ortes vor dem Bergkamm treffe ich auf einen ganz besonderen Pilger. Zum Einen läuft er mit Hund, wodurch das Übernachten in Herbergen sehr schwierig wird, da die meisten Herbergen Hunde ablehnen, und zum Anderen ist dieser Pilger blind. Augenblicklich läuft im Schnelldurchgang ein Film durch meinen Kopf, der alle Passagen des Weges zeigt und immer wenn es holprig oder schwierig wurde, sich verlangsamte. Der Gedanke, diesen Weg blind zu gehen, erscheint mir unmöglich. Zu viele Abzweigungen, zu unwegsames Gelände und wie findet man die Herbergen? Das unwegsame Gelände sei aber kein Problem, so der Pilger, dafür habe er ja den Hund. Leider habe ich mich zu diesem Zeitpunkt nicht getraut, ihn zu fragen, ob ich ihn ein Stück begleiten darf. Nachträglich ärgert mich das wahnsinnig, ich hätte gerne mehr über ihn erfahren. Aber zu dem Zeitpunkt war ich noch nicht bereit, mich auf andere einzulassen, vor allem nicht in englischer Sprache.

Nach einer kleinen Stärkung in der Bar des Ortes setze ich meinen Weg also wieder alleine fort. Hier beginnt die Läuterung oder anders ausgedrückt, es wird steil. Von hier aus sind es etwa zwei Kilometer bis zum Pass. Der erste Kilometer ist zum Aufwärmen, auf dem zweiten geht es einhundert Meter hoch. Hier laufen dann selbst die Fahrradfahrer. Im Gegensatz zu den Fußpilgern, müssen Radpilger nicht nur sich selbst, sondern auch ihr Fahrrad den Berg hinauf bekommen. Das bedeutet in diesem Fall schieben und teilweise tragen. Also tauschen möchte ich jetzt gerade nicht mit ihnen. Um kurz nach zwölf Uhr komme ich oben an und mache, wie alle anderen, eine Pause.

Dem Namen des Passes nach zu urteilen bin ich jetzt geläutert, also psychisch von Verunreinigungen befreit. Da einem auf dem Weg hier hinauf ungemein viele Fäkalworte über die Lippen kommen und auf diesem Weg quasi den Körper verlassen, könnte das sogar sehr gut sein. Und als Belohnung darf man die Aussicht genießen. Schaut man zurück, kann man, zumindest heute, bis in die Pyrenäen schauen, die ich, gottlob, endlich hinter mir gelassen habe. Davor liegt Pamplona und direkt am Fuß des Höhenzuges führt eine Autobahn in einem Tunnel durch das Massiv hindurch. Den Weg hier hoch, kann man gut an den ganzen Pilgern erkennen, die den Weg wie Punktmarkierungen kennzeichnen. Da kommt schon ein wenig Mitleid auf, wenn man daran denkt, dass sie noch hochmüssen.

Auf dem Pass stehen zwei Denkmäler. Das steinerne Denkmal kommt mit seinem Sockel bei den Pilgern sehr gut als Sitzgelegenheit und Schattenspender an. Das andere Denkmal ist aus Stahlplatten und stellt eine Gruppe von Pilgern dar. Zu Fuß, mit Eseln als Gepäck-träger und auf dem Rücken eines Pferdes reitend, werden die Pilger in den Formen der frühen Pilgerschaft dargestellt. Fahrräder gab es in der frühen Zeit der Pilge-rei noch nicht und sind vermutlich deshalb nicht abgebil-det. Da dieses Denkmal relativ dicht an der Kante des Passes steht und man ja quasi hindurchsehen kann, ist es ein gleichermaßen populäres, wie auch beliebtes Motiv. Der Pilger gesellt sich in die Reihe der eisernen Pilger und ein anderer Pilger fotografiert ihn. Diese Aufstellung ist so beliebt, dass wirklich beinahe jeder Pilger so ein Foto von sich machen lässt. Nach etwa zwanzig Minuten beende ich meine Pause und lasse noch schnell ein Foto von mir in der Reihe der eisernen Pilger machen.

Das Plateau des Passes ist etwa dreißig Meter breit und neben den Denkmälern verläuft eine asphaltierte Straße über die gesamte Länge des Passes. Vermutlich fand der Straßenbau im Zuge der Installation der hiesi-gen Windräder statt, die hier oben, rein energietechnisch betrachtet, gut aufgehoben sind. Mittlerweile wird die Straße vermutlich nur noch von den Wartungsteams der Windräder genutzt und natürlich von findigen Geschäftsleuten. Hier stehen zwei Kleinbusse, mit der Werbung für eine Herberge. Der besondere Service ist der Transport des Gepäcks in die Herberge, deren Werbung außen auf dem Bus zu sehen ist. Ich bin mir sicher, dass auch die Sitzplätze des Busses gerne an müde Pilger vergeben werden, um sie zusammen mit ihrem Gepäck in der Herberge abzuliefern.

Ich widerstehe auch hier dem angebotenem Service und beginne den Abstieg. Vorbei an einer Art Stonehenge, dem ich weniger Beachtung schenke als dem Weg, führt der kiesige Weg steil nach unten. Kies gibt es bekanntlich in verschiedenen Größen. Oft um Häuser herum als Drainage und gleichzeitig Spritzschutz, wird gerne Rheinkies 16/32 verwendet. Also Kies mit einem Durchmesser von 16 bis 32 Millimetern. Das ist nicht nur praktisch, sondern sieht obendrein gut aus. Und wer ist noch nie auf Kieswegen durch einen Park gewandelt? Das wäre dann 8/16er Kies. So etwas liegt hier nicht. Hier liegt 5/500er Körnung auf einem Hang, die Bezeichnung Weg hat er nämlich nicht verdient. Am Anfang dachte ich, dass der Kies ein Problem sei, aber nach etwa zwanzig Minuten erinnere ich mich daran, dass bergabgehen etwas wirklich Scheußliches ist. Zweihundert Höhenmeter, die sich auf einem Kilometer Länge verteilen, tun meinen Knien nicht wirklich gut. So nutze ich jede Gelegenheit, um stehen zu bleiben und ihnen ein wenig Ruhe zu gönnen, und Gelegenheiten gibt es hier zur Genüge. Ich habe noch nie so viele wilde Orchideen gesehen. So komme ich aus dem Fotografieren beinahe nicht mehr raus, denn neben den ganzen

Orchideen, wachsen hier ja auch andere Blumen, die als Motiv attraktiv sind.

Ein Pärchen, das mich überholt hat, bleibt mir besonders in Gedanken hängen. Das waren nämlich Schwaben. Mal ganz davon abgesehen, dass ich schwäbisch mag: Die Beiden laufen auf einem kleinen und engen Trampelpfad an mir, der ich mittig auf einem recht breiten Weg laufe, vorbei. Dabei diskutieren sie, ob sie mich nicht hätten fragen können, ob ich sie vorbei lassen würde. Soweit die Idee der Frau. Die Antwort des Mannes war recht einleuchtend, er war nämlich der Meinung, dass sie sich schneller auf dem Trampelpfad an mir vorbei schlängeln, als das sie mir erklären, was sie wollen und ich ihnen dann Platz mache, um sie vorbei zu lassen. Mal ganz davon abgesehen, dass mein Ego nicht so breit ist, dass man nicht an mir vorbei gehen könnte, hoffe ich, das dieses Pärchen folgende Nachricht irgendwann erreicht: So schwer ist ein schwäbischer Akzent nicht zu verstehen. Aber die beiden konnten ja nicht wissen, dass ich Deutsch kann.

Mein Abstieg von dem Pass dauert fast eine Stunde. Leider fallen mir keine Flüche mehr ein, denn die bin ich allesamt schon auf der anderen Seite des Passes losgeworden und nun bin ich ja „rein". Wie um einen Ausgleich zu schaffen, spielt mein Gehirn wieder Jukebox und bleibt bei dem Lied „Hallelujah" von Leonard Cohen hängen. Am Ende des Gefälles brauche ich erst einmal wieder eine Pause, die sich meine Knie auch wahrhaft verdient haben. So mancher Pilger, der an mir vorbei läuft, lobt das schattige Plätzchen und einige bleiben auch für einen kurzen Plausch stehen. Und wie aus dem Nichts kommt Ulrike den Berg hinunter. Ulrike, mit der ich zusammen Zug gefahren bin, schläft in Hotels und musste heute Morgen nicht um sechs Uhr aufstehen, weswegen sie erst jetzt hier ist. Ich nutze die Gelegenheit, beende meine Pause und laufe mit ihr weiter.

Die nächsten fünf Kilometer laufen wir gemeinsam und sie erzählt, dass sie in Viana in einen Bus steigt und einen Großteil überspringt. Sie hatte ja schon auf dem Weg nach Saint-Jean-Pied-de-Port gesagt, dass sie das machen möchte. Kurz vor Obanos trennen sich unsere Wege. Ich will auf jeden Fall zu der Templerkirche, in deren Nebengebäude man gerüchteweise ab und zu übernachten kann. Da das aber ein Umweg ist, verabschieden wir uns und jeder geht seines Weges.

Nach dem anstrengendem, aber wunderschönen Naturpfad, der vom Pass herunterführte, ist der Weg zur Templerkirche eine echte Zumutung für die Augen, aber wenigstens geht es hier weder bergauf, noch bergab und das ist eine Wohltat für die Knie. Die Kirche Santa Maria de Eunate liegt eigentlich nicht auf dem Camino Francés, sondern am Camino Aragonese. Dieser trifft in Obanos auf den Navarrischen Weg und dort beginnt dann der

Camino Francés. Und wer jetzt verwirrt ist, ist es zu Recht.

Der Navarrische Weg führt von Saint-Jean-Pied-de-Port bis nach Obanos. Der Aragonesische Weg kommt vom Somport-Pass, also etwa 70 Kilometer Luftlinie von Saint-Jean-Pied-de-Port entfernt, aus Richtung Süd-Osten und führt ebenfalls nach Obanos. In Obanos verbinden sich beide Wege und ab dort ist es der französische Weg, also der Camino Francés. Das Verwirrendste daran ist allerdings die Tatsache, dass es die Ortschaft Puente la Reina irgendwie geschafft hat, dass alle Welt glaubt, die beiden Wege würden dort zusammen geführt werden. Das wird auch touristisch, beziehungsweise pilgerisch so vermarktet, auch wenn jede Landkarte, in die beide Wege eingezeichnet sind, das Ganze widerlegt. Puente la Reina ist lediglich der erste Ort, in dem es ausschließlich den Camino Francés gibt.

Auf jeden Fall bin ich jetzt auf dem Aragonesischen Weg, denn ich stehe vor der Kirche und dem dazu gehörigen Nebengebäude. Die Dame an der Kasse, der Eintritt kostet einen Euro, erklärt mir, dass man hier nicht mehr übernachten könne. Früher wäre dies möglich gewesen, aber diese Zeiten wären leider vorüber. Ich muss also noch weiter bis nach Obanos laufen. Zunächst genieße ich aber die ruhige Atmosphäre als alleiniger Besucher der Kirche und umrunde diese zunächst drei Mal. „Eunate" ist baskisch und bedeutet je nach Herleitung „gutes Tor" oder „100 Tore". Ich finde Letzteres schöner, denn es beinhaltet die Aufgabe, dass der Pilger die Kirche dreimal umrunden muss, bevor er diese betritt. Beim Umrunden passiert man dreimal die um die Kirche herum gebauten 33 Torbögen, womit er schon einmal 99 der 100 Tore geschafft hat. Betritt er danach die Kirche, passiert er das hundertste Tor.

Die Kirche ist erfrischend schlicht gehalten. Die meisten Kirchen, gerade in Spanien, sind sehr prunkvoll gebaut und ausgestattet. All den, für die damalige Zeit, typischen Prunk sucht man in diesem romanischen Bau vergeblich. Der Altar besteht aus einer Platte, die auf vier Säulen ruht und dahinter steht auf einem Steinsockel eine Statue von Maria mit dem Jesuskind auf dem Schoß. Selbst die Fenster, in Kirchen ja üblicherweise als farbenfreudige Bilder gearbeitet, bestehen hier aus Alabasterscheiben und sind somit cremefarben.

Nach der Besichtigung geht es fröhlich „Hallelujah"-trällernd auf die letzten zweieinhalb Kilometer nach Obanos. Kurz bevor ich Obanos erreiche, führt der Weg noch einen kleinen Hang hinauf. Oben angekommen fallen mir schlagartig wieder alle Schimpfwörter ein. Das war es dann wohl mit der Reinheit, die ich ja gerade mal vier Stunden zuvor erworben hatte. Der Grund dafür liegt vor mir in einem Tal. Es ist nämlich da. Im Bewusstsein einer letzten Anstrengung habe ich mich diese Steigung hochgeschleppt und stehe jetzt vor einem

Tal und das heißt, ich muss wieder runter. Ich hätte vorhin auch außen herum gehen können, dass wäre nicht einmal ein Umweg gewesen. Aber nein, ich laufe diesen Berg nur hoch, um ihn wieder runter zu gehen. Obanos liegt nämlich erst auf der Anhöhe dahinter. Mit schmerzverzerrtem Gesicht gehe ich in das Tal hinunter und anschließend wieder nach Obanos hoch. Meckern hilft ja nur der Seele, nicht aber dem physischen Vorankommen.

Die Herberge ist in einem der vielen schönen, typisch spanischen Häusern untergebracht und bietet 34 Schlafplätze in einem Raum. Ich bin heute Pilger Nummer drei und darf mir ein Bett aussuchen. Leise schleiche ich durch die Reihen, denn die beiden anderen Pilger scheinen zu schlafen. Nach dem Duschen und dem Waschen meiner Tagesbekleidung, suche ich die nächste Bar auf. Gerade als ich hinein gehen möchte, öffnet sich die Türe und Ulrike kommt heraus. Sie ist zwar gerade fertig mit essen, freut sich aber derart, mich zu sehen, dass sie auf dem Absatz kehrt macht, um noch mit mir plaudern zu können.

Die Bar ist nicht allzu groß und wird von den Einheimischen intensiv genutzt. Vom Aussehen her, würde man diese Bar in Deutschland als Kneipe bezeichnen, aber es gibt hier ganz normales Essen wie in einem Restaurant. Wir setzen uns etwas weiter hinten in die Bar, damit wir uns unterhalten können. Während ich mir ein Pilgermenü bestelle, will Ulrike nur ein Glas Wein haben. Auch wenn wir weiter hinten sitzen, haben wir eine gute Sicht auf den Fernseher, der an der Wand neben dem Eingang hängt. In Deutschland würde auf diesem am ehesten Fußball laufen, aber wir sind hier in Spanien und in einem Stierkampf-Gebiet, also läuft auf diesem Fernseher ein Stierkampf. Die Einheimischen stöhnen einmal auf, während mein Herz einen freudigen Hüpfer macht. Der Stier hat soeben den Torero auf die Hörner genommen und ihn wohl auch verletzt. Für mich ist das nicht das richtige Unterhaltungsprogramm und ich konzentriere mich lieber wieder auf das Gespräch mit Ulrike und schließlich will ich ja auch noch etwas essen.

Apropos Essen. Da Ulrike einen Wein bestellt hat und zu einem Pilgermenü normalerweise Wein gereicht wird, bekommen wir kurzerhand eine Flasche mit zwei Gläsern. Der Wein ist übrigens immer ein trockener Rotwein. Schade, dass ein Wein für mich erst dann wirklich schmackhaft ist, wenn da mindestens „Auslese" draufsteht. Aber im Gegensatz zum Essen hat man keine Wahl. Die Vorspeise des heutigen Abends ist Spaghetti Carbonara. Als der Teller kommt, überlege ich, ob ich die Speisekarte richtig verstanden habe, denn vor mir steht kein Vorspeisenteller, sondern ein normaler, tiefer Teller, der tatsächlich bis zum Rand gefüllt ist. Und gut schmeckt es auch noch. Ich könnte jetzt eigentlich satt heimgehen, aber ich bekomme ja noch zwei weitere

Gänge. Als Hauptspeise bekomme ich gebackenen Fisch mit frittierten Kartoffelecken und Salat. Und auch das ist eine Portion, die allein schon gereicht hätte. Als Dessert bekomme ich ein Stück Quarkkuchen. Ich wusste allerdings nicht, was ich da bestellt habe, da mir das Wort so gar nichts gesagt hatte. Einfach ausprobieren, dachte ich mir, und siehe da, es schmeckt. Dankenswerterweise beschränkt sich die Größe des Kuchenstücks auf ein normales Maß. Nach ein wenig Geplapper verlassen wir das Lokal und verabschieden uns das zweite Mal heute.

Während Ulrike zurück in ihr Hotel geht, gehe ich zum Kirchplatz, suche mir einen gemütlichen Sitzplatz und telefoniere mit meiner Frau, bis es Zeit wird, ins Bett zu gehen. Wir sind immer noch zu dritt in dem Schlafraum, der eigentlich Platz für 34 bietet, was daran liegen könnte, dass Obanos azyklisch, also außerhalb der typischen Wegbeschreibungen, liegt. Typische Beschreibungen der Jakobswege enthalten fast immer bestimmte Etappen und somit auch bestimmte Etappenziele, an denen übernachtet wird. Eines dieser Etappenziele ist Puente la Reina, also der nächste Ort, welcher zusätzlich ja auch noch recht bekannt ist. Da sich viele Pilger an diese Beschreibungen gebunden fühlen, verpassen sie dieses tolle Essen und schlafen in vollen Herbergen.

Am nächsten Morgen will hier, im Gegensatz zu der Herberge in Pamplona, keiner aufstehen. Es ist durchaus üblich, dass man in Herbergen um sechs Uhr geweckt wird. Mal wird dazu einfach das Licht eingeschaltet, ein anderes Mal Musik eingespielt. Hauptsache die Pilger werden wach, packen ihre Siebensachen und gehen weiter. Schließlich müssen ja die Betten gemacht, der Raum gereinigt werden und, so es in der Herberge selbst etwas zu essen gibt, muss noch für die nächsten Pilger eingekauft werden. Die nächsten Pilger werden in der Regel ab 14 Uhr erwartet.

Hier darf ausgeschlafen werden. Keiner rührt sich und so spiele ich um Viertel vor sieben den Buhmann und stehe auf, wasche mich und packe meine Sachen zusammen. Als ich den Schlafsaal verlasse, liegen die zwei anderen immer noch in den Betten. Wenn ich nicht schon gesehen hätte, dass sie sich bewegten, würde ich glauben, es wären zwei Puppen. Das Frühstück ist hier so gar nicht Spanientypisch. Der Herbergsvater ist richtig bemüht und dementsprechend reichlich ist der Tisch gedeckt. Ich bekomme sogar eine Kanne Kaffee gebracht, ich glaube aber, wenn ich die austrinke, renne ich heute im Eiltempo über den Jakobsweg. Gesättigt und mit belegten Broten sowie frischem Obst versorgt, verlasse ich um 07.45 Uhr die Herberge.

Kurz bevor ich Obanos hinter mir lasse, komme ich an einem Pilgerdenkmal vorbei. Ich glaube, beinahe jeder Ort am Jakobsweg hat mindestens ein Denkmal mit Bezug auf den Weg. Hier ist es eine etwa sechs Meter hohe Stahlplatte, wobei die Bezeichnung Platte bei einer

Dicke von etwa dreißig Zentimetern natürlich relativ ist. Die Silhouette eines Menschen, vermutlich eines Pilgers, wurde aus der Platte geschnitten und nach oben ragt ein langer Streifen, der vielleicht einen Pilgerstab darstellt. Und genau durch dieses Denkmal führt der Jakobsweg. Da ich so schön in dieses Denkmal hinein passe, muss natürlich ein Selfie her.

In Puente la Reina sehe ich die ersten Storchennester. Gleich auf dem Turm der ersten Kirche sind drei Stück und in allen Dreien steht ein Storch. Und wer steht drunter und macht Fotos davon? Ulrike! Sie war heute eindeutig ein paar Minuten früher unterwegs als ich. Aber heute bin ich recht schnell unterwegs. Ulrike will noch etwas Frühstücken, da das Frühstück in ihrem Hotel wohl nicht so prickelnd war. Die Straßenzüge, die ich hier zu Gesicht bekomme, strahlen in altem aber gut erhaltenem Glanz. Es gibt viele Bars und einige andere Läden und selbst die Türen der Häuser sind entweder alt und gut restauriert oder neu, aber auf alt getrimmt. Wie auch immer, hier glänzt die Handwerkskunst. Am Ende des Ortes kommt dann die berühmte Brücke. Sie heißt, man höre und staune, Puente la Reina. Übersetzt heißt das übrigens Königinbrücke. Sie ist nach der Königin von Pamplona benannt, die sie gestiftet hat, und führt über den Fluss Arga. An dem Hinweisschild zu der Brücke stutze ich. Ich schaue in meinem Kartenmaterial nach und siehe da: Ja es ist der Fluss, dem ich von Zubiri aus bis nach Pamplona gefolgt bin. Und wenn der hier entlang fließt, hätte man gar nicht über den Berg gemusst, denn Wasser fließt ja nur bergab. Jetzt habe ich keine Lust mehr auf Sightseeing und verlasse den Ort über die Brücke.

Wenn man den Jakobsweg läuft und der Umgebung ein wenig Aufmerksamkeit schenkt, stößt man auf Geschichten. Mal sind es interessante, mal traurige, dann wieder spannende und immer wieder lustige Geschichten. So komme ich nach Cirauqui, einem kleinen Ort auf einem Berg, wo ich aus einer Seitengasse Musik höre. Hinter mir laufen drei Pilger. Ein Mann und zwei Frauen, alle etwa 35 bis 40 Jahre alt. Kaum kommen die drei an besagter Seitenstraße an, biegen die beiden Damen ab und meinen nur „Oh! Fiesta!", also „Oh! Ein Fest!". Der Mann dieser Laufgemeinschaft schaut die Damen perplex an und redet in Spanisch auf die Damen ein und zeigt dabei immer wieder in meine Richtung, also den Jakobsweg entlang. Nach einigen Gegenargumenten, die alle „una fiesta" (ein Fest) enthalten und mit verzweifelten dreinschauenden Gesichtern vorgetragen werden, wenden sich die Damen dann doch wieder dem Jakobsweg zu. Allerdings kann man an den Gesichtern ablesen, dass es ihnen nicht sonderlich gut gefällt. Und wo wir gerade bei „nicht gefallen" sind, sei erwähnt, dass der Berg, auf dem dieses Dorf gebaut ist, sehr steil ist. Und das gefällt wiederum mir nicht. Was meinen Muskeln und Sehnen auf der einen Seite des Berges nicht gefällt, mögen meine Knie auf der anderen Seite schon gar nicht. Da geht es nämlich wieder runter.

Hinter Cirauqui hat man die Ehre, auf römischen Pfaden zu wandeln und eine genauso alte römische Brücke zu queren. Der Pfad, der zu dieser Brücke hinunterführt, ist schmal und steil. Also gönne ich meinen Knien eine kleine Pause, bevor ich hinuntersteige. Eine relativ große Gruppe von Asiaten läuft an mir vorbei. Wohl sortiert, einer nach dem anderen, mit einem kleinen Rucksack auf dem Rücken. Vorne die älteren und hinten die jüngeren Teilnehmer. Allerdings laufen sie nur so lange, bis in etwa mein Alter erreicht beziehungsweise unterschritten wird. Prompt bietet mir eine Dame an, ich solle doch vor ihr laufen. Für Menschen aus dieser Region gebietet wohl die Höflichkeit, ältere Menschen vorzulassen. Ich bedanke mich höflich für das Angebot, kläre die Dame aber auf, dass ich gerade eine kleine Pause mache. Sie bedankt sich ebenfalls und läuft weiter. Typischerweise laufen solche Gruppen bestimmte Abschnitte des Weges und werden ansonsten mit dem Bus gefahren. Aber gar nicht so selten, trifft man auf Asiaten, die den Weg wie die meisten Pilger laufen.

Etwa zwanzig Minuten später, stehe ich auf der nächsten Brücke aus der Römerzeit, und schon wieder vor einer Steigung. Allerdings ist es hier derart schön

und einsam, dass ich beschließe, eine längere Pause einzulegen. Schließlich ist es ja auch schon wieder zwölf
Uhr und ich habe von dem Herbergsvater belegte Brote
bekommen. Also setze ich meinen Rucksack ab, hole sie
heraus und fange nebenbei an, die Notizen in meinem
Tagebuch zu ergänzen. Unter mir scheint ein kleiner
Bach seinen Lauf zu haben, zumindest ist hier eine Ver-
tiefung und alles ist saftig grün zugewuchert, während in
vier bis fünf Meter Entfernung alles eher bräunlich trocken ist.

Wer übrigens glaubt, der Jakobsweg wäre einsam, so
mag das, wenn man denn will, so sein. Vor allem solange
man den Weg läuft. Die Pausen allerdings, sind etwas
ganz anderes. Und so sitze ich noch keine fünf Minuten
da, als Manuel vorbei kommt und feststellt, dass ich
einen ganz tollen Platz für eine Pause gefunden habe.
Manuel ist ein sehr interessanter Mensch. Ich weiß nicht,
warum er den Weg geht, aber er geht ihn ziemlich individuell. Er ist einen Tag vor mir gestartet, komplett ohne
Elektronik. Kein Handy, kein MP3-Player, nicht einmal
eine Uhr hat er an, geschweige denn dabei. Da es an
seinem Starttag geregnet hatte, ist er die Alternativ-Route
nach Roncesvalles gelaufen und war schon nach ein paar
Kilometern komplett durchnässt. Außerdem fand er
heraus, dass sich die Jeans, die er anhatte, nicht sonderlich zum Wandern eignete. Er tauschte dann im Laufe
der Tage seine Kleidung über die Spendenboxen aus und

läuft jetzt in Shorts und einem Hemd. In einer solchen Box fand er ebenfalls den Strohhut, den er als Sonnenschutz auf hat.

Diese Spendenboxen leben von den Pilgern. Wenn man etwas nicht mehr braucht, legt man es hinein und wenn jemand etwas darin findet, was er benötigt, nimmt er es mit. Gerade in den ersten Tagen stellt man gerne mal fest, dass man Dinge dabei hat, die man doch nicht benötigt. Dementsprechend sind die Boxen im ersten Abschnitt eher gut gefüllt.

Mit Manuel ist es noch schön ruhig, auch er ist ein Genießer und schaut sich einfach die Landschaft an. Als Nächstes kommt eine etwa 50 Jahre alte Engländerin dazu und dann ist Schluss mit der Ruhe. Diese Dame will ein bisschen Unterhaltung, also reden wir drei miteinander. Sie hat sogar eine recht kuriose Geschichte auf Lager, die schon im Vorfeld des Weges passiert ist.

Sobald man beschließt, den Jakobsweg zu gehen und dies in seinem Umfeld erzählt, bekommt man die unterschiedlichsten Reaktionen zu hören. Von völligem Unverständnis bis zu freudigem Neid, weil der Gegenüber das auch mal gerne machen würde, erlebt man alles. In meinem Umfeld beschränkten sich die Meisten auf schweigen. Nur meine Mutter, die ich gerne damit necke, dass sie meine Frau mehr mag als mich, sorgte sich wohl um dieselben Themen wie meine Frau. Das hat sie zwar nicht so gesagt, jedoch sprach ihr Verhalten Bände. Die

Engländerin hatte eine Bekannte, die sofort sagte, wie schön das sei und dass sie und ihr Mann das auch schon gemacht hätten. Dies wiederum erzeugt als Gegenreaktion unendliche Neugier, da man hier ja offensichtlich Erfahrungen aus erster Hand bekommen kann. Typisch sind dann die Fragen „Wie sind denn die Herbergen?" und „Ist es wirklich so schlimm?". Die Antwort darauf war in diesem Fall allerdings eher ein ernüchterndes „Wir haben nicht in den Herbergen geschlafen, das ist nichts für uns. Wir haben nur in Hotels geschlafen". Das ist nicht weiter ungewöhnlich. Viele Pilger, darunter ja auch Ulrike, gehen lieber in Hotels, um Ruhe vor Schnarchern und Ähnlichem zu haben. Die nächste Frage zielte dann auf das tägliche Laufpensum. Das ist ja schließlich auch etwas, an dem ein Anfänger Interesse hat, schließlich liest man im Internet Angaben von 5 bis 60 Kilometern pro Tag. Die Antwort, die jetzt kam, sorgte bei der Engländerin allerdings für Sprachlosigkeit und bei uns, die wir die Geschichte gerade erzählt bekommen, für herzliche Lacher.

„Laufen? Nein, laufen ist nichts für uns. Wir sind da mit dem Auto entlang gefahren."

Jetzt sitzen wir in Spanien auf einer alten römischen Brücke in einem schönen Tal, haben neben uns vierzehn Kilogramm schwere Rucksäcke stehen und klopfen uns vor lauter Lachen auf die Schenkel. Die Engländerin ist immer noch entsetzt über diese Antwort ihrer Bekannten, lacht aber mit.

Weiter geht es an Olivenplantagen vorbei, während meine Kopf-Jukebox mir gerade vorsingt, was man alles „sieben Tage lang" machen kann. Ein kleines Highlight auf den letzten Metern ist ein Tunnel unter der Autobahn hindurch. Vierzig Meter Sturm in einer Stärke, die mir den Hut vom Kopf bläst. Vor und hinter dem Tunnel ist kaum eine Luftbewegung zu spüren, aber im Tunnel herrscht Gegenwind. In Villatuerta beschließe ich, dass es für heute gut ist. Ich bin müde, die Knie und Muskeln signalisieren mir, dass auch sie keine Lust mehr haben, und der nächste Ort wäre ein typischer Etappen-Endort und somit vermutlich überlaufen. Hier in Villatuerta finde ich eine schöne kleine, private Herberge. Der Boden im großzügigen Vorraum besteht aus in Mustern gelegten Kieselsteinen, die Natursteinmauern sorgen für ein kühles Klima und die alte Balkendecke sorgt zusammen mit den Möbeln für einen schönen altertümlichen Flair. In einem Fünf-Bett-Zimmer darf ich mir ein Bett aussuchen und so nehme ich eins in einer Nische, womit ich mir eine Steckdose am Bett gesichert habe. Steckdosen in Bettnähe finden Pilger heutzutage äußerst praktisch, da kaum einer ohne Handy unterwegs ist.

Ein Pilger, der kurz nach mir kommt, überlegt, ob diese Nischen nicht als Einzelzimmer gewertet und dementsprechend auch bezahlt werden müssen. Er beschließt aber, das Risiko notfalls umzuziehen einzugehen, und nimmt das zweite Separee. Die drei italienischen Fahrradpilger, die nach uns kommen, belegen die letzten drei Betten in dem Raum. Da sich keiner von ihnen beschwert, dass er ja in einer der Nischen liegen müsse, zählen diese wohl nicht als Einzelzimmer.

Für die Wäsche muss ich nach draußen auf eine überdachte Veranda mit anschließender Dachterrasse. Die Flure dorthin sind mit alten Fliesen belegt und vervollständigen das Bild dieser Herberge perfekt. In einer Ecke der Dachterrasse befindet sich neben einer Waschmaschine und dem Trockner, ein Waschzuber. Wer möchte, kann sich im Innenhof, der über eine Treppe zu erreichen ist, auf einer der Liegen ausruhen oder man gesellt sich auf der Veranda zu dem bisschen Hund. Der Chihuahua liegt auf seinem Kissen und schläft. Später schaue ich genauer hin, um festzustellen, ob er überhaupt noch lebt. Er hat sich nämlich seit meiner Ankunft nicht einen Millimeter bewegt. Die Atembewegungen beruhigen mich schließlich.

So schön wie die Herberge ist, so gewöhnungsbedürftig ist die Umgebung. Da es in der Herberge aber alles gibt, was man benötigt, das Abendessen ist hier obligatorisch, habe ich keinen Bedarf, großartig draußen herumzulaufen. Schließlich schmerzt, auch ohne Weiteres herumlaufen, alles, was sich an meinem Körper unterhalb des Beckens befindet. Vor der Herberge steht ein Tisch mit vier Stühlen im Schatten. Eine Pilgerin hat diesen Platz schon für sich entdeckt und ich geselle mich dazu. Ungezwungen fangen wir an zu quatschen. Praktischerweise kommt auch sie aus Deutschland und so können wir beide endlich einmal reden, ohne ständig nach irgendwelchen englischen Wörtern suchen zu müssen.

Um kurz nach sieben Uhr gibt es das Abendessen. Hier kann man allerdings nicht aus verschiedenen Speisen wählen. Hier ist es wie bei Muttern. Es wird gegessen, was auf den Tisch kommt. Und so schmeckt es auch. Als Vorspeise gibt es einen Salatteller und als Hauptspeise Paella. Diese ist hausgemacht und ab sofort gilt Paella als meine Leibspeise. Ich gebe zu, dass ich zuvor noch nie Paella gegessen habe, und ich muss sagen, dass ich definitiv etwas verpasst habe, wenn die immer so lecker ist. Dazu schmeckt sogar der trockene Rotwein. Der anschließende Pudding mit Keks-Garnierung schmeckt selbstredend auch.

Die Nacht ist dann eher durchwachsen, denn der Pilger im zweiten Separee fängt an zu schnarchen. Nicht wie Leute halt immer mal wieder schnarchen, das wäre nicht erwähnenswert. Dieser hier zieht die Luft in einer immensen Lautstärke ein und als wenn ein Arzt sagt „tiefer, noch tiefer", so zieht er nach dem geräuschvollen Einatmen auch noch zweimal geräuschvoll nach. Um uns aber auch beim Ausatmen ein wenig zu unterhalten, bläst er die Luft zwischen den lockeren Lippen hinaus, was diese zum Schlabbern bringt und ein Geräusch verursacht, wie wenn ein Kind mit einem Auto spielt und die Fahrgeräusche simuliert. Nur ohne die Drehzahländerungen. Einer der Italiener findet das so faszinierend, dass er aufsteht und das Schauspiel mit seinem Handy aufnimmt. Er sagt dann irgendetwas Lustiges, zumindest fangen die beiden anderen Italiener an zu lachen und unser Alleinunterhalter dreht sich in seinem Bett um. Wenigstens können nun auch wir wieder schlafen.

Frühstück gibt es am nächsten Morgen für mich in Estella. Hier in der Herberge wird es nicht angeboten und aus dem Automaten, der sich im Eingang des Nachbargebäudes befindet, möchte ich nichts. Am Ortseingang von Estella befindet sich an der Giebelseite eines Hauses ein Plan, wie der Jakobsweg in Estella verläuft. Aber nicht so eine simple Landkarte als Touristeninformation, sondern als Wandvertäfelung, insgesamt etwa fünf Meter hoch. Schön, dass ich weiß, wo ich entlang laufen muss. Komisch, dass mir ein Asiate mit dickem Rucksack entgegenkommt und mich fröhlich mit dem typischen „buen camino" grüßt. Ich stutze, schaue ihm hinterher, und weise ihn vorsichtshalber darauf hin, dass Santiago sich in der anderen Richtung befindet. Er lächelt und meint nur „das weiß ich, da komme ich ja her". Als ich endlich, nach gefühlten fünf Minuten kapiere, was er mir gerade gesagt hat, frage ich mich, warum er lächelt und mir die Beine wehtun.

Der Großteil, den man von Estella zu sehen bekommt, wenn man dem Jakobsweg folgt, schmeichelt den Augen. Eine schöne Kirche auf einem Berg mit einem noch schöneren Tor, die ganzen hergerichteten alten Gebäude sind ein wahrer Augenschmaus. Allerdings muss man irgendwann die Altstadt verlassen und siehe da, auch in Spanien baut man mittlerweile moderner. Durch ein Gewerbegebiet, entlang einer stark befahrenen Hauptstraße verlässt man Estella. Das letzte Gebäude von Estella sollte man allerdings nicht verpassen. Hier befindet sich ein Schmied, der in seinem Innenhof an seiner Esse arbeitet und seine Produkte zum Kauf anbietet. Leider muss man ja alles tragen, was man hier kaufen würde, und so beschränke ich mich auf einen Anhänger an einem Lederband in der Form einer Jakobsmuschel. Auf meinem weiteren Weg, stelle ich fest, dass genau dieser Anhänger ein absoluter Verkaufsschlager ist, denn fast jeder Pilger hat einen solchen Anhänger. Entweder am Hals, oder er baumelt irgendwo am Rucksack.

Ein paar Meter weiter den Hügel hinauf, kommt man an einen Punkt des Jakobsweges, der in jedem Reiseführer, jedem Reisebericht und auch jedem sonstigen Bericht über den Camino Francés vor kommt. In einem kleinen Innenhof steht der Weinbrunnen der Bodegas Irache. Zwei Zapfhähne an einer schmucken Wand. Aus einem kommt Trinkwasser, aus dem anderen Rotwein. Man benötigt nur ein Behältnis, in das man zapfen und daraus trinken kann. Ich bin natürlich perfekt vorbereitet. Extra für diesen Moment habe ich mir einen Faltbecher gekauft und ihn 115 Kilometer durch Spanien getragen. Und so zapfe ich mir einen kleinen Schmuck in den Becher, trinke ihn und fange augenblicklich an mich zu schütteln. Der Wein ist extrem trocken und enthält derart viel Säure, dass ich sofort nach dem Zapfhahn mit dem Trinkwasser greife und einen Becher Wasser herunterkippe. Vereinzelt liest man im Internet, dass manche Pilger sich hier ganze Flaschen abfüllen und trinken. Alleine bei dem Gedanken schüttelt es mich gerade noch einmal durch. Auch drei Pilgerinnen verziehen das Gesicht bei der Verkostung des Weines, es liegt also nicht an mir. Die Idee finde ich trotzdem schön.

Von hier aus sind die Wege schön angelegt und angenehm zu laufen. Vorbei an einem Mittelalterbrunnen, geht der Weg sanft ansteigend bis nach Villamayor de Monjardin. Hier allerdings muss ich eine Entscheidung treffen. Bis hierher waren es 13,5 Kilometer zu laufen und es ist 11.40 Uhr. Die nächste Übernachtungsmöglichkeit befindet sich aber erst in Los Arcos und das ist noch einmal 11,8 Kilometer entfernt. Da der Weg bis hierher ja recht schön zu laufen war, es noch einigermaßen früh ist und ich noch nicht allzu weit gelaufen bin, starte ich durch. Was soll schon passieren.

Nun ja. Zunächst einmal bin ich in einem Dorf, also auf einem Berg. Gelaufen wird aber nicht oben, sondern unten. Also geht es erst einmal auf einem Kilometer Strecke knapp 200 Meter runter. Nach dieser Strecke habe ich Knieschmerzen, die mich jetzt schon nach einer Möglichkeit, Pause zu machen, betteln lassen. Nach weiteren vier Kilometern beschließe ich, in zehn Minuten eine Pause zu machen und wenn da kein Platz ist, setze ich mich halt einfach mitten auf den Weg. Irgendein Engel muss diese Strecke mal abgegangen sein und hat festgestellt, dass sie zu lang ist, um sie ohne Pause zu laufen, und hat bei der Hälfte einen Imbisswagen hingestellt. Und so gibt es sowohl Schatten, als auch die Möglichkeit die Beine hochzulegen. Nebenbei gibt es natürlich auch Essen und Trinken, aber als erstes nennt man immer die wichtigen Dinge.

Eine Dreiviertelstunde Erholung brauche ich, bevor ich mich an die letzten Kilometer wage. Vorbei an seltsam welligen Bergformationen schleiche ich in Richtung Los Arcos. Jede Ablenkung ist mir recht um die Knieschmerzen für kurze Zeit zu verdrängen. Sei es eine Abbruchkante, bei der man sieht, dass die Erdschichten nach massiver Krafteinwirkung nicht mehr waagerecht, sondern senkrecht verlaufen. Oder aber eine Pfütze, in der die Kaulquappen gerade noch schwimmen können, die aber vermutlich in den nächsten Tagen austrocknen wird. Das Wetter zeigt sich immer noch von seiner besten Seite. Mit etwa 23°C Grad und leichten Schleierwolken gibt es für Pilger kaum besseres Wetter. Auch mein Gehirn will mich ablenken und spielt wieder einmal Jukebox. Heute will es mich mit einer Dauerschleife von „Oh Happy Day" bei Laune halten. Es hilft nur leider nichts und so mache ich am Wegesrand eine Pause, in der ich meine Knie massiere, um die Schmerzen ein wenig zu lindern. Um kurz vor 16 Uhr komme ich, vollkommen am Ende, in Los Arcos an.

Sowohl Beine und Knie als auch die Füße schimpfen fürchterlich mit mir. Nach dem Duschen und der täglichen Wäsche verwöhne ich meine Füße mit einem Fußbad. Die Herberge hier, offiziell eine österreichische Herberge, die aber von einem Deutschen geführt wird, hat etwas unschätzbar Wertvolles im Innenhof. Eine Sitzbank, vor der ein Wasserbecken mit kühlem, fließendem Wasser steht, sodass man die Füße hineinstellen kann. Dazu gönne ich mir noch ein spanisches Bier für meine Seele und freue mich über die langsam nachlassenden Schmerzen.

Auch Ulrike und Manuel sind hier untergekommen. Zusammen mit ein paar anderen deutschsprachigen Pilgern gehen wir um 19 Uhr etwas essen. Zurück in der Herberge, unterhalte ich mich ein wenig mit dem Herbergsvater. Er ist den Jakobsweg schon mehrfach gegangen und hat irgendwann die Chance genutzt, diese Herberge zu übernehmen. Er erzählt viel über die Unterschiede der Pilger. So sind in seinen Augen die deutschen die Schlimmsten, weil sie vorher zu viel lesen, viel zu viele Videos anschauen und vor allem zu viel planen und dadurch zu viel auf dem Weg verpassen. Ich will ihm ja nicht zu nahe treten, aber acht Bücher und gefühlte hundert Videos sind nun wirklich nicht zu viel und geplant habe ich nur die Fahrt mit dem Zug nach Saint-Jean-Pied-de-Port. Na gut, dann bin ich wohl doch typisch deutsch. Dafür konnte ich wenigstens immer etwas erzählen. Tatsächlich habe ich kaum jemanden getroffen, der irgendwelche Legenden oder Geschichten des Jakobsweges kannte, ich schon.

Lustig wird es, als sich ein Italiener und ein Pilger aus Honduras zu uns gesellen. Eigentlich wollten die beiden nur ein Bier holen, aber dazu gibt es hier eine kleine Besonderheit. Es gibt Weißbier oder Weizenbier, wie der Durchschnittsdeutsche zu sagen pflegt. Der Italiener kennt das und schreit „Juhu", während der Honduraner merkwürdig schaut. Bereitwillig wird ihm erklärt, was das Besondere an diesem Bier ist und vor allem, wie man es in ein Glas bekommt. Der Honduraner geht noch zweimal Bier holen, weil er das Einschenken üben will. Ich hoffe, dass er den Alkohol besser verträgt als US-Bürger. Wenn diese das erste Mal auf richtiges Bier stoßen, wird es meistens sehr lustig. Der Abend und die Gespräche verlaufen so toll, dass die Zeit leider viel zu schnell voranschreitet und die Uhr zur Nachtruhe mahnt.

Tage der Schmerzen

Um sechs Uhr morgens klingelt ein Wecker im Schlafraum. Er gehört einer Dame, die ihn offensichtlich
braucht, um nicht zu verschlafen. Der Wecker klingelt in
zwei Stufen. Die erste Stufe ist das typische Piepsen. Das
weckt allerdings nicht die Dame, sondern die neun Mitschläfer. Diese fangen freilich an zu lästern, weil der
Wecker schon eine halbe Ewigkeit klingelt, ohne dass die
Dame eine Reaktion zeigt. Auch die zweite Stufe, ein
sehr schnelles, hektisches Piepsen, führt nicht zum
Erfolg. Ihre Freundin im Bett darüber, beugt sich nach
unten und versucht sie zu wecken, was dann auch
funktioniert. Freundlich wie wir sind, erklären wir der
Dame mit einem Lächeln im Gesicht, wie gerne wir noch
ein wenig geschlafen hätten, was wiederum für eine sehr
gute Durchblutung ihres Gesichtes sorgt. Beim Frühstück, hier gibt es selbst gebackenes Brot, bekommen die
anderen Gäste erst einmal erzählt, wie wir heute Morgen
geweckt wurden. Das sorgt wieder für Lacher, weshalb
ich vermute, dass die Dame nie wieder ihren Wecker
stellen wird.

Die ersten sechs Kilometer sind fast ausschließlich in
der Ebene. Das bedeutet leider nicht, dass es meinen

Knien gut geht. Den Tag mit Schmerzen zu beginnen ist nicht sonderlich prickelnd und ich bin wirklich froh, dass ich keine Höhenmeter bewältigen muss und eine wirklich schöne Landschaft genießen darf. Das bisschen Freude hält aber leider nur bis kurz vor Sansol an. Zwar bleibt die Landschaft schön, aber ab jetzt ist man auf einer Berg- und Talbahn unterwegs. Nach etwa zehn Kilometern nutze ich eine Pausenstation und ruhe mich aus. Auf einem Tisch stehen Getränke und allerlei Leckereien. Von Obst über Müsliriegel bis hin zu diversen Zuckerbomben ist alles da und gegen eine Spende zu haben. Neben der Fläche mit den Sitzplätzen ist ein Feld voller sogenannter Steinmännchen. Bis zu zwei Metern stapeln sich die Steine übereinander und hinterlassen den Eindruck eines Meditationsfeldes. Wer schon einmal versucht hat Steine an einem Fluss zu stapeln, um solche Türme und andere Konstruktionen die man ab und zu auf Bildern sieht zu bauen, wird jetzt vermutlich über die Höhe staunen. Allerdings sind die Steine hier nicht rund, wie an einem Fluss, sondern quadratisch, praktisch, gut. Mit anderen Worten ist das hier so, als würde man mit Bauklötzen spielen.

Etwas seltsam erscheint das Verhalten eines Pilgers, der ein Tuch, das er normalerweise um den Bauch gewickelt trägt, mit Klammern an seinem Trekkingstock befestigt, und es schließlich über den Waldboden schleift. Anschließend sitzt er da und sammelt kleine, schwarze Punkte von dem Tuch auf. Es sind Zecken. An dieser Station sind es drei Stück, die er in ein Gläschen steckt und es dann gut verschlossen wieder in seinen Rucksack packt. Er ist Biologie-Student und nutzt die Chance das Vorkommen von Zecken auf dem Jakobsweg zu untersuchen.

Über Zecken habe ich hier noch gar nicht nachgedacht. Wenn man in Bezug auf den Jakobsweg etwas von kleinen Tierchen hört, so sind das Bettwanzen. Ich persönlich hoffe, dass ich auf keine stoßen werde. Und falls doch, hoffe ich, dass das Schwarzkümmelöl auch dagegen hilft. Ein Jugendlicher aus Bayern hat in einem Versuchsaufbau festgestellt, dass Schwarzkümmelöl gegen Zecken hilft. Aufgefallen war ihm dies, weil sein Hund, der wegen Verdauungsproblemen Schwarzkümmelöl in sein Futter bekam, auf einmal keine Zecken mehr hatte. Im Nachhinein kann ich übrigens sagen, dass ich keine Probleme mit diesen Tierchen hatte und auch von keinem gehört habe, der Probleme mit Bettwanzen hatte.

So schön wie die weitere Strecke landschaftlich ist, so schlecht ist sie für meine Knie. Immer wieder geht es bergab. Bergauf wäre mir ja egal. Es geht ja auch bergauf, immer mal wieder, aber zwischendurch halt auch immer wieder bergab. Nach zweieinhalb Kilometern geselle ich mich zu einer Österreicherin, die am Wegesrand sitzt, und mache wieder eine Pause. Sie ist Kranken-

schwester und früher Rettungsdienst gefahren. Dementsprechend viel haben wir zu erzählen. Natürlich nicht
wegen meiner Knieschmerzen, sondern weil ich ja auch
Rettungsdienst fahre. Irgendwann laufen wir dann
gemeinsam weiter und sind in einer Tour am Quatschen.
Derart abgelenkt kommen wir schnell voran und ich
beschließe, dass hier in Viana für mich heute Schluss ist.
Also verabschieden wir uns und ich kehre in die erste
Herberge ein.

Es ist noch früh, als ich in die Stadt hinauf gehe.
Gehen ist allerdings ein viel zu nobler Ausdruck für
diesen Vorgang. Eher ist es ein Schleichen, bei dem ich
mit Mühe die Füße hoch genug bekomme, um nicht zu
schlurfen. Es ist 15 Uhr und obwohl ich heute nur 18
Kilometer gelaufen bin, bin ich vollkommen fertig.
Abendessen in der Herberge, das wäre heute ein
Geschenk des Himmels, aber das gibt es leider nicht.
Aber alles hat seinen Zweck. In diesem Fall komme ich
auf dem Weg in die Stadt an einem Geschäft vorbei,
indem es Kniebandagen gibt. Die kosten zwar 30 Euro,
aber das ist es mir wert. Danach heißt es warten. Nur
eine einzige Bar hat geöffnet, aber dort gibt es zu dieser
Uhrzeit nur Getränke. Geschlagene zwei Stunden muss
ich warten und da ich heftige Schmerzen habe,
beschließe ich, in der Bar zu warten und Cola zu trinken.

Zum Essen humple ich in ein Hotel und treffe Ulrike. Für sie ist es der letzte Abend auf diesem Teil des Jakobsweges. Morgen früh fährt sie mit dem Bus zum Ende des Weges, um dort ihre zweite und letzte Woche zu laufen, bevor sie wieder nach Hause fährt. Ich indes schleppe mich nach dem Essen wieder in meine Herberge und laufe morgen weiter. Ich will ja den ganzen Weg laufen.

In der Herberge kann ich noch ein wenig über Fahrradpilger sinnieren. Im Hof steht nämlich mittlerweile ein E-Mountainbike. Fahrrad-Pilger muss man bewundern. In der Regel verwenden sie dieselben Wege, die auch die Fußpilger beschreiten. Das ist aber, bei näherer Betrachtung, nicht zwangsläufig einfacher. Natürlich sieht man an deren Fortbewegungsmethode gerne die Vorteile und schiebt die Nachteile ins Abseits, aber wenn ich mir die bisherigen Tage auf einem Fahrrad vorstelle, bin ich froh, dass ich laufe. Natürlich rollt ein Fahrrad bergab, aber allein wenn ich an die Strecke vom Alto del Perdón kurz hinter Pamplona denke, die der Radfahrer bewältigen muss, habe ich Mitleid. Dazu kommt, dass die Fußpilger beinahe ständig quatschen. Unterwegs, während des Laufens nicht ganz so oft, aber wenn es an Pausen oder den Abend geht, eigentlich ständig. Radfahrer, so es denn mehrere sind, fahren fast immer hintereinander und können nicht schwätzen. Am Abend sind sie meistens alleine, weil sie niemanden kennen und, wie es mir scheint, auch nicht die Gepflogenheit kennen, sich einfach dazuzusetzen. Auf dem gesamten Weg habe ich es nur einmal erlebt, dass ein Radler mit am Tisch saß. Ansonsten fand man sie meist einsam an einem anderen Tisch sitzend. Tagsüber alleine, abends alleine, wenn ich so den Weg bestreiten müsste, würde ich vermutlich heimfahren.

Gedankenverloren laufe ich am nächsten Tag beinahe auf den falschen Weg. Hätte nicht jemand einen riesigen Pfeil aus lauter Kiessteinen auf den Weg gelegt, hätte ich die Abzweigung glatt übersehen. Das kleine Kiefernwäldchen, das hier kurz vor der Nationalstraße steht, kommt mir gerade recht. Wer meint, dass einem eine Kniebandage mit sofortiger Wirkung die Knieschmerzen erspart, der ist, sehr zu meinem Leid, schief gewickelt. Und so gehe ich nach einer ausgiebigen Pause im Schatten des Wäldchens im Baden-Badener Kurschritt-Tempo weiter Richtung Logroño. Bis zu dem Gewerbegebiet der Stadt folgt der Weg leider der Nationalstraße. Bevor man aber in die Stadt kommt, darf man noch mal zwischen ein paar Feldern Luft holen.

Natürlich steht auch in Logroño, wie gefühlt in allen größeren Städten, eine Kathedrale. Hier ist sie aber zu. Dafür mache ich dann mitten auf dem leeren Marktplatz, auf einer Bank im Schatten eines Baumes, eine weitere Pause. Als eine Gruppe mitsamt Fremdenführer vorbei kommt, spreche ich diesen in der Hoffnung an, dass er mir sagen kann, wann die Kathedrale öffnet. Trotz einer gewissen sprachlichen Barriere erfahre ich, dass sie wohl geschlossen bleibt. Den Rest verstehe ich ganz und gar nicht und so ziehe ich, nachdem ich als Fotoobjekt für die Touristengruppe hergehalten habe, weiter.

Allerdings komme ich nur bis zum Ende der Altstadt. Dort zieht es mich zum Frühstücken in eine Bar. Ich bin nicht lange alleine, denn Manuel hat gesehen, wie ich in die Bar gegangen bin, und ist mir gefolgt. Während ich mir ein kleines Frühstück gönne, das aus einem Kaffee und zwei wirklich leckeren Sandwiches besteht, isst sich Manuel quer durch die ganze Theke. Insgesamt fünf Tortilla verdrückt er. Manuel gehört zu den Pilgern, die überhaupt nicht mit Schnarchern in einem Raum schlafen können. Vorletzte Nacht blieb ihm aber nichts anderes übrig und erlebte, nach seiner Aussage, die Hölle auf Erden, weshalb er die gesamte Nacht kein Auge zugemacht hatte. Deshalb ist er gestern verhältnismäßig kurz gelaufen und habe sich dann ein Hotelzimmer in Viana genommen. Das Zimmer und somit auch ein großes Bett für sich wollte er dann mal kurz genießen, legte sich hin und schlief bis heute Morgen durch. Dadurch hatte er halt kein Abendessen und somit nun einen Bärenhunger.

Während er noch isst, sortiere ich meinen Rucksack und beschließe, dass alles, was für kalte Temperaturen gedacht ist, nicht mehr gebraucht wird. Die Pyrenäen sind weit hinter mir und jeden Tag genieße ich blauen Himmel, Sonne und über 20 Grad. Ich packe also mein Notbiwak, Handschuhe, Mütze, Fleece-Jacke und den Becher, den ich ja nur für den Wein-Brunnen dabei hatte, in einen Beutel. Nach kurzem Überlegen kommen noch die Globuli gegen Muskelkater, ein Gürtel und ein paar Prospekte dazu. Und siehe da, der Rucksack ist nun 1,2 Kilogramm leichter. Das mit dem Gewicht erfahre ich natürlich erst in der Poststelle, die neben der Bar ist.

Raus aus Logroño geht es über einen schön angelegten Weg, vorbei an einem See, bis zu einer Autobahn. Am liebsten würde ich ab hier richtig schnell gehen, um diesen Abschnitt schnell hinter mir zurückzulassen. Das aber verwehren mir meine Knie. Also laufe ich schön langsam weiter, während mich meine Gedankenjukebox mit einer Dauerschleife von „Under the Boardwalk" unterhält. Dabei ist es absolut unglaublich, in wie viel unterschiedlichen Tonlagen, Tonhöhen und Betonungen man dieses Lied vor sich hin summen kann.

In dem 3000-Seelen-Dorf Navarrete angekommen, fluche ich mal wieder darüber, dass der Ort erneut auf einem Berg liegt. Dieses Mal muss man ihn aber nicht überschreiten. Es reicht ausnahmsweise einmal, wenn man ihn bis etwa zur Hälfte erklimmt. Danach muss man ihn nur noch umrunden. Nach der halben Umrundung kehre ich in eine Herberge ein und lasse es für heute gut sein. Die Herberge hier ist ein Mehrfamilienhaus mit mehreren Drei-Zimmer-Wohnungen. Ein Zimmer fungiert als Schlafraum, in meinem Fall mit drei Doppelstockbetten, daneben befindet sich das Bad und der letzte Raum ist eine kleine Küche. Nachdem ich mich frisch gemacht habe, gehe ich auf die Suche nach einem geeigneten Lokal für das Abendessen.

Irgendwann stehe ich dann vor der hiesigen Dorfkirche. Stadtkirche kann man schlecht dazu sagen, der Ort hat schließlich nur etwa 3000 Einwohner. „Iglesia Nuestra Señora de la Asunción" oder weniger schön klingend „Kirche unserer Maria Himmelfahrt", wobei die deutsche Übersetzung, der von außen recht einfach aussehenden Kirche, einfach nicht gerecht wird. Während der Turm und das eigentliche Kirchengebäude recht schlicht und einfach wirkt, und die Turmuhr in ihrer Größe schon beinahe knauserig erscheint, lässt das Eingangsportal auf mehr hoffen. Dieses scheint, in einem Rundbogen stehend, eher von einem anderen Gebäude stammend, als zu dieser Kirche gehörend.

Betritt man die Kirche, so fallen einem zunächst zwei Nebenaltäre ins Auge. Man sollte nicht vergessen, dass man hier in Spanien ist. Das, was hier als Nebenaltar zu sehen ist, würde in Deutschland als Hauptaltar eine schöne Kirche schmücken und auch bewundert werden. Wenn man sich an dem ersten Altar sattgesehen hat und als Kunstlaie, der man ja in der Regel ist, versucht hat, all die Verzierungen, Gebilde, Statuen und Gemälde des

Altars in einen Zusammenhang zu bringen, geht man zu dem zweiten Nebenaltar und glaubt, der erste wäre schlicht ein grob bearbeiteter Holzklotz gewesen. Blickt man zurück auf den ersten Nebenaltar, sieht man natürlich die Schönheit und die enorme Kunst, die darin steckt, aber mit dem zweiten Altar kann Ersterer dann doch nicht mithalten. Flankiert von zwei weiteren, kleineren Altären, die wiederum durchaus eine sehenswerte Kapelle schmücken könnten, steht er da und hat eine derart fesselnde Art, dass man kaum weiß, wo man hinsehen soll. Wendet man sich dann dem Hauptaltar der Kirche zu, können einem schon mal die Knie weich werden.

Ich gehe gerne in Kirchen. Nicht zwangsläufig in den Gottesdienst, aber ich mag Sakralbauten. Nicht unbedingt die modernen Varianten, wie sie mancherorts gebaut wurden, sondern die alten. Diese Gebäude wurden in einer, in meinen Augen, ungemein schönen Art errichtet, mit der nichts anderes konkurrieren kann. Und kaum war das Gebäude an sich fertiggestellt, wurden sie zusätzlich noch mit handwerklicher Pracht gefüllt, die ebenfalls seinesgleichen sucht. Natürlich darf man nicht vergessen, woher die Gelder stammten, die diese Gebäude erst ermöglichten, aber man sollte schöne Dinge auch einfach mal genießen können.

Aber zurück zu dem Hauptaltar. Die Kirche verfügt über ein Haupt- und zwei Nebenschiffe. Und diese füllt der Altar aus. Nein, dieser Altar füllt nicht das Hauptschiff aus, er füllt ebenso die Nebenschiffe aus und nein, er hört auch nicht an der Kuppel auf, er füllt auch diese aus. Außer den Nischen, in denen alle wichtigen Heiligen als Statuen untergebracht sind, ist der Altar in seiner gesamten Größe komplett mit Gold überzogen. Über einem, etwa einem Meter hohen Sockel, kommen über sechs Meter Altar, die dann in die ebenfalls vergoldete Kuppel übergehen. Ich komme aus dem Staunen einfach nicht mehr raus. Bis es klackt und das Licht ausgeht.

Irgendein findiger Mensch kam eines Tages auf die Idee, am Eingang einer Kirche einen Automaten aufzustellen. Wirft man einen Euro hinein, so wird das Licht, welches den Altar erstrahlen lässt, eingeschaltet, bis eine eingebaute Uhr beschließt, dass es wieder dunkel werden soll. Natürlich kann man die Kirchen auch so besichtigen. Will man aber die interessanten Objekte gut betrachten können, so ist halt eine Eineuromünze fällig. Zwischendurch gibt es auf dem Jakobsweg immer mal wieder Kirchen, bei denen es sich wirklich lohnt, diesen einen Euro zu investieren. Manchmal hat man auch das Glück, dass schon ein anderer Pilger einen Euro gespendet hat.

Auf dem Weg kommt man an sehr vielen Kirchen vorbei. Viele sind verschlossen und manchmal geht man auch nur einfach an einer Kirche vorbei, weil man eben jetzt keine Pause einlegen möchte. Aber wer an dieser Kirche hier vorbei geht, der hat definitiv etwas verpasst.

Da es nach der Besichtigung immer noch zu früh für ein Abendessen ist, wende ich mich Richtung Hotel um noch ein wenig auszuruhen. Allerdings ändert sich dieser Plan mit dem hinter mir erschallenden Ruf: „Ey! Feuerwehrmann!". Ich drehe mich um und mir fällt die Kinnlade beinahe bis auf den Boden. Vor mir steht Manfred.

Er ist tatsächlich der Letzte, den ich in diesem Moment erwartet hätte. Schließlich hatte er ja schon an der ersten Steigung in Saint-Jean-Pied-de-Port Probleme. Jeden einzelnen Tag habe ich seither an ihn gedacht. Immer wenn ich mal wieder einen Berg hinaufmusste. Irgendwann hatte ich dann einfach vermutet, dass er mit seinem 18 Kilogramm schweren Rucksack abgebrochen hat. Und nun steht er unvermittelt vor mir und lädt mich ein, mit ihm und ein paar anderen ein Bier zu trinken.

Die Pilgerwelt ist klein. Die anderen sind nämlich die beiden Österreicher aus Zubiri, der Amerikaner Logan aus der Herberge in Saint-Jean-Pied-de-Port, Manuel und Horst. Dazu kommt noch ein Deutscher, den ich bis dahin noch nicht kannte. Kunterbunt plappern wir drauf los. Allerdings auf Englisch, damit auch Logan mitreden kann. So erfahre ich, dass Manfred mit ziemlich großen Blasen zu kämpfen hatte und deswegen auch eine größere Pause einlegen musste. Er hat dann beschlossen, mit dem Bus nach Sarria zu fahren und nur die letzten

100 Kilometer zu laufen. Allerdings hatte er sich von einer Pilgerin Geld geliehen und ist nun erst einmal bis hierher gefahren und hofft sie hier abfangen zu können um ihr das Geld zurückgeben zu können. Nach dem gemeinsamen Abendessen verabschieden wir uns und ich freue mich, dass ich ihn doch noch mal getroffen habe.

Warum er am nächsten Tag weiter gelaufen ist, entzieht sich meiner Kenntnis, aber am Vormittag treffe ich ihn, mit seinem nach wie vor viel zu schweren Rucksack, irgendwo im Nirgendwo zwischen ein paar Weinfeldern. Bis zu einer der vielen, auf Spendenbasis funktionierenden, Versorgungsstationen laufen wir gemeinsam. Ich verstehe es immer noch nicht, wie er so weit laufen konnte. Selbst mit meinen Knieschmerzen, die ich trotz der Bandage habe, bin ich eigentlich schneller unterwegs als er. Immer wieder muss er kleinere Pausen machen, um sich zu erholen. Dabei ist heute perfektes Wanderwetter. Es sind 20 Grad, der Himmel ist vollflächig, aber vnur dünn bewölkt und es geht ein leichter Wind. Nur an manchen Wegen sollten die Spanier noch ein wenig basteln. Die hiesigen Pfade verwandeln sich bei Regen garantiert in eine wahre Pilger-Hölle. Die Auswaschungen lassen mich hoffen, niemals solche Wege im Regen gehen zu müssen. So wie das hier aussieht, würde das eine ziemlich matschige Schlitterpartie werden. Und das in diesem Fall auch noch bergauf.

In Najera sehe ich das erste Mal eine Station der Guardia Civil. Diese als eher strenge Polizei verrufene Einheit macht Werbung, indem sie Plakate auf dem Jakobsweg aufhängt, auf denen man „Protegemos el Camino", also „Wir schützen den Weg", sowie „Cuidamos del peregrino", was „Wir kümmern uns um den Pilger" bedeutet, lesen kann. Und tatsächlich sieht man immer mal wieder eine Streife über den Weg fahren. Und wenn wir schon bei Uniformträgern sind, so sei erwähnt, dass ich in Najera die süßesten Uniformen gesehen habe. In einem Kindergarten trugen alle Mädchen rosa Jacken und die Jungs hellblaue. Quasi total klassisch.

Das Mittagessen genieße ich heute mal einfach. In einem Supermarkt, der eher einem Tante-Emma-Laden gleicht, kaufe ich ein Baguette und ein paar luftgetrocknete Würstchen und setze mich damit auf eine Bank vor dem hiesigen Kloster. Der Ort selber will mir einfach nicht gefallen. Die Straßen sind eng und stark von Fahrzeugen frequentiert. Das Kloster, vor dem ich sitze, gleicht einem Bollwerk, kostet Eintritt und will mir heute auch nicht gefallen. Irgendwie will ich hier einfach nur weg. Dazu geht es zunächst durch eine zerklüftete Landschaft ein bisschen bergauf und anschließend zwischen landwirtschaftlichen Nutzflächen hindurch. Das ist zwar nichts zum Genießen, dafür aber um so mehr zum Abschalten.

Das würde auch gut klappen, wäre da nicht dieser kanadische Pilger, dessen Rucksack mindestens doppelt so groß ist wie meiner. Die Haare kleben, vom Schweiß getränkt, an seiner von der Anstrengung roten Stirn und seine Atemfrequenz ist ebenfalls von der Anstrengung gezeichnet. Er hatte das Problem, dass er nicht wusste, wie das Wetter auf dem Jakobsweg werden würde und dementsprechend für alle Wetterlagen Kleidung einge-packt hatte, bevor er nach Spanien flog. Per Post zurück-schicken will er aber auch nichts, weil das so teuer wäre. Normalerweise lässt er seinen Rucksack transportieren, um dieses Monster eben nicht tragen zu müssen, leider gab es diesen Service aber in seiner letzten Herberge nicht und so trägt er den Rucksack heute mal selbst.

Früher total verpönt, heute vollkommen akzeptiert, kann man sein Gepäck von Herberge zu Herberge trans-portieren lassen. Dazu nimmt man einen Umschlag des Unternehmens, diese liegen in den Herbergen aus, schreibt die Ziel-Herberge drauf, legt das entsprechende Geld hinein und befestigt ihn am Gepäckstück. Anschließend ruft man die ebenfalls aufgedruckte Ruf-nummer an und schon wird das Gepäck bis zu 30 Kilo-meter weit transportiert. Ich nenne es extra „Gepäck", da ich einmal sogar einen großen Reisekoffer gesehen habe. Die Gründe, das Gepäck transportieren zu lassen, sind vielfältig und reichen von „ist mir zu schwer" bis zu „das schaffen meine Knie nicht". Für manche ist es die einzige Möglichkeit, diesen Weg überhaupt bewältigen zu können. Aber auch wenn der Gepäcktransport mittlerweile akzeptiert wird, rümpfen manche „Selbstträger" in der Regel dann doch die Nase darüber. Für mich kommt so ein Transport schon deshalb nicht infrage, weil ich ja morgens nicht weiß, wo ich abends lande. Heute lande ich, nach etwa 22 Kilometern und einer Stunde „Go West" von den „Pet Shop Boys" trällern, in der öffentlichen Herberge von Azofra.

Auch Horst hat es hierher verschlagen. Als wir im Hof rauchen und quatschen, treffen wir auf einen Freiburger. Während die meisten Pilger sagen sie würden „den kompletten Jakobsweg" laufen, aber tatsächlich nur einen spanischen oder portugiesischen Teil davon meinen, ist dieser Mann wirklich vor seiner Haustüre gestartet und läuft bis nach Santiago. Und um dem Ganzen noch das berühmte i-Tüpfelchen aufzusetzen, macht er das ohne Geld. In größeren Städten macht er auf dem Marktplatz oder ähnlichen Plätzen halt und jongliert, um Spenden zu sammeln. Von diesem Geld kauft er sich etwas zu essen und wenn es reicht, kehrt er auch mal in eine Herberge ein. Während ich ihm draußen ein paar Tricks mit seinen Poi zeige, geht Horst in der Herberge auf Spendensammeltour. Horst überredet auch den Hospitalero das der Mann in der Herberge duschen darf. Schlafen möchte er heute aber in seinem Zelt und so laden wir ihn dann noch zum Essen ein. Das Essen machen wir heute sogar selber. Eine Dame aus Litauen spendet Nudeln, Horst kauft im nahen Lädchen ein paar Sachen für eine vegetarische Soße und ich spende den Wein. Und schon stehen wir in der Pilgerküche der Herberge und kochen. Zu viert genießen wir das Mahl, auch wenn wir beim nächsten Mal unbedingt an das Salz denken sollten.

Die Nacht möchte ich hier nicht unbedingt wieder verbringen. An sich ist die Herberge hier schön und vor allem neu. Jedoch könnte der Schlaftrakt aus der Feder eines Architekten stammen, der normalerweise öffentliche Bauten in Deutschland entwirft. So lautet das hiesige Motto „praktisch muss es sein, Schönheit hat niemand verlangt". Wände, Türen und Schränke bestehen alle aus OSB-Platten. Nur die beiden Betten nicht, die sind aus Metall. Klein sind die Räume auch, was ja eigentlich kein Problem ist. Wo ein Bett rein passt, da kann man auch schlafen. Was ich persönlich so gar nicht leiden kann, ist, wenn ich mit den Füßen irgendwo anstoße, so wie hier. Weiter hochlegen geht leider nicht, denn da steht der Schrank. Ich habe ein Zwei-Bett-Zimmer, aber was hilft es mir, wenn ich nicht schlafen kann? Natürlich schlafe ich dann irgendwann ein, doch am nächsten Morgen fühle ich mich, als wäre ich durch eine Mangel gedreht worden.

Neben dem Ausgang der Herberge stehen auf einer Bank fünf Rucksäcke mit den bereits erwähnten

Umschlägen der Transportunternehmen. Unter anderem steht dort auch der Rucksack des Kanadiers. Er ist also schon unterwegs.

Der Weg verläuft heute zunächst über ganz sanfte Hügel zwischen Feldern und Wiesen hindurch. Ich kann das nur leider nicht genießen, denn meine Knie melden sich schon nach den ersten Metern für die erste Pause an, die ich dann auch, nach nur sieben Kilometern, mache. An der Picknick-Fläche treffe ich mal wieder auf Logan. Für ihn ist es nicht der erste Fernwanderweg. Er war schon in einigen Länder unterwegs und das, obwohl er in seinem linken Bein, unterhalb des Knies, kein Gefühl mehr hat. Das würde ich mir gerade für die Knie selber wünschen, aber bitte nicht aus demselben Grund. Er hatte sich als Soldat während eines Einsatzes verletzt und eine Entzündung eingefangen, welche schließlich die Nervenbahnen zerstörte. Dann doch lieber schmerzende Knie. Von hier bis nach Santo Domingo de la Calzada sind es noch mal sieben Kilometer, auf denen ich wegen der Knieschmerzen noch zweimal eine Pause einlegen muss.

Immer wieder denke ich darüber nach, ob ich mich übernommen habe und abbrechen muss. Dabei bekomme ich ein ganz flaues Gefühl im Bauch. Die ganzen Diskussionen mit meiner Frau wären umsonst gewesen. Die gesetzten Ziele, ob innere Ruhe, Konzentration – alles nicht erreicht. Nicht einmal das Rauchen konnte ich sein lassen. Der ganze Aufwand wäre umsonst gewesen. Aber es hilft mir alles nichts, wenn ich weiterhin derartige Probleme mit den Knien habe. Mir fehlen die Worte, um die seelischen Schmerzen auszudrücken, die ich auf dieser Bank am Ortseingang von Santo Domingo empfinde. Auch heute noch empfinde ich tiefste Trauer, wenn ich an diesen Moment zurückdenke.

In diesem dunklen Moment erscheint mir die Legende von Santo Domingo wie ein Strohhalm. In der Legende ist eine Familie aus Xanten auf dem Jakobsweg unterwegs und macht in Santo Domingo eine nächtliche Rast. Die Wirtstochter verliebt sich in den Sohn der Familie, welcher aber nichts von ihr wissen wollte. Zurückgewiesen schwor die Wirtstochter Rache und versteckte einen silbernen Becher in dem Gepäck des Jungen. Am Folgetag zog die Familie weiter, wurde aber kurz darauf eingeholt und mit dem Diebstahl des Bechers konfrontiert. Selbiger wurde natürlich in dem Gepäck des Jungen gefunden und so wurde dieser, nach einem recht kurzen Prozess, erhängt. Die Eltern des Jungen zogen traurig weiter nach Santiago. Auf dem Rückweg wollten sie den Leichnam ihres Jungen mit nach Hause nehmen, um diesen zu bestatten. An der Richtstätte angekommen, sahen sie ihren Sohn lebend am Galgen hängen. Dieser sagte, dass der Heilige Domingo ihn halten würde. Die Eltern liefen daraufhin zum Richter, der gerade zu Tische saß, und berichteten ihm von dem lebenden Sohn und sahen es als Beweis seiner Unschuld an. Der Richter jedoch antwortete, dass ihr Sohn genauso tot sei, wie die beiden Hühner auf seinem Teller, die er gerade verspeisen wolle. Daraufhin erhoben sich die beiden Hühner und flatterten davon. So durfte der Sohn mit den Eltern nach Hause gehen und die Wirtstochter beendete ihr Leben unfreiwillig am Galgen.

Seit dieser Zeit befinden sich in der Kathedrale von Santo Domingo de la Calzada ein Käfig mit einem Hahn und einer Henne. Natürlich lebend. Denn die Legende besagt weiterhin, dass dem Pilger ein gutes Ende seiner Pilgerreise bevorsteht, so denn der Hahn kräht, wenn der Pilger die Kathedrale betritt.

Und das ist mein Strohhalm. So schlurfe ich den letzten Kilometer zu der Kathedrale, wohl wissend, dass ich auf ein Wunder hoffe.

Bei der Kathedrale von Santo Domingo muss man tatsächlich aufpassen, dass man nicht versehentlich an ihr vorbei läuft. Weder in ihrer Höhe, noch in ihrer Farbe, geschweige denn in ihrem Baustil, hebt sie sich von den umgebenden Gebäuden ab. Und wer nun denkt, dass man sie an dem Kirchturm erkennen könne - dieser steht etwa zehn Meter neben der Kathedrale und hat keinerlei Verbindung zu ihr. Man sollte also wissen, wo man ist oder zumindest auf die Schilder achten, die zum

Eingang führen. Der Zugang zu der Kirche, es ist nämlich kein Bischofssitz mehr, führt über den Eingang des angeschlossenen Museums. Dort kann man seinen Rucksack in einem Nebenraum abstellen, um nicht versehentlich etwas umzurempeln. Nachdem ich meinen Rucksack deponiert habe, hole ich mir einen Stempel und bezahle den Eintritt.

Von nun an wird mir mit jedem Schritt, mit dem ich mich dem Eingang nähere, ein bisschen flauer im Magen. Die Nerven vor Nervosität zum Reißen gespannt und den Magen schon dreiviertels verdreht, betrete ich die Kathedrale. Als wenn ich gleich sterben müsste, laufen vor meinem geistigen Auge Bilder ab. Nicht die von meinem ganzen Leben, sterben muss ich wohl noch nicht, aber das Erlebte vom Jakobsweg. Und dann kräht der Hahn.

Ich schaffe es gerade noch in die hinterste Bankreihe, plumpse hinein und ergebe mich den Gefühlen die über mich hineinbrechen, als wenn ein Staudamm gebrochen wäre. Ich weiß nicht, wie oft der Hahn gekräht hat, auch nicht, wie lange ich schluchzend auf dieser Bank gesessen habe, aber es war eine Wohltat.

Für die Besichtigung der Kathedrale lasse ich mir Zeit. Ganz gemütlich gehe ich umher und finde zufällig sogar den Zugang zu den Wehrgängen. Natürlich schaue ich mir auch das Grab des Heiligen Domingo an, der übrigens sein Leben den Pilgern verschrieben hatte.

Ganz am Schluss finde ich dann auch den Käfig mit dem Hahn und der Henne. Beide werden übrigens regelmäßig ausgetauscht und dürfen sich dann in einem grünen Innenhof erholen. Während ich die Kathedrale besichtige, höre ich übrigens kein einziges Krähen mehr.

Voller neuer Hoffnung begebe ich mich auf die sieben Kilometer lange Strecke nach Grañon. Einfach, aber langweilig trifft es wohl am ehesten um diesen Streckenabschnitt an der Autobahn entlang zu beschreiben. Natürlich hat meine persönliche Jukebox auf einer solchen Strecke wieder ein Lied parat: „Bridge over Troubled Water". Das hängt vielleicht damit zusammen, dass der Heilige Domingo eine Brücke über den hiesigen Fluss bauen ließ, damit die Pilger diesen gefahrlos überqueren konnten.

In Grañon komme ich in einer ganz besonderen Herberge des Weges unter. Die kirchliche Herberge befindet sich in den Nebenräumen der dortigen Kirche. Wer hier ankommt, den heißt man willkommen und anschließend erfolgt eine Einweisung in die Nutzung dieser Herberge. Das ist auch wichtig, da diese Herberge alt hergebracht geführt und unterhalten wird. So kosten die Nacht, das Abendessen und das Frühstück nichts. Es wird lediglich um eine Spende gebeten und da fangen die Haken an. Die Einweisung dauert etwa zwanzig Minuten. Zunächst wird man darauf hingewiesen, dass eine solche Herberge nur funktioniert, wenn die, die es können, auch wirklich spenden, und dann gibt es da noch einige obligatorische Teilnahmen. Das Abendessen wird gemeinsam vorbereitet und eingenommen, der Abwasch erfolgt ebenso gemeinsam, bevor man dann, auch gemeinsam, in die Kirche geht. Nach dem Kirchgang beginnt die Bettruhe und um 6.30 Uhr werden die Pilger geweckt. Soweit die Regularien.

Nachdem ich eine Turnmatte als Schlafstätte belegt habe und die tägliche Hygiene vollbringen konnte, stehe ich vor der Spendenbox. Ich überlege, was ich in den letzten Tagen für Abendessen, Übernachtung und Frühstück bezahlt hatte, lege noch etwas drauf und spende diesen Betrag. Ab 18 Uhr wird das Abendessen vorbereitet und so habe ich ganze zwei Stunden Zeit. Ein wenig hungrig zieht es mich in die gegenüber liegende Bar. Dort gönne ich mir ein belegtes Brötchen und ein Bier. Es bleibt auch noch genügend Zeit die Kirche zu besichtigen, bevor ich, kurz vor 18 Uhr, wieder zur Herberge gehe.

Ich darf die Zutaten klein schneiden. Einen anderen Pilger hat es nicht ganz so gut getroffen. Es wurde gefragt, ob jemand Koch wäre, und dieser etwa 25 Jahre junge Kerl hat sich gemeldet. Er wurde den beiden etwa 50 Jahre alten Spanierinnen in der Küche zugewiesen und die haben ihn derart angetrieben, dass wir draußen vor der Küche lachen mussten. Da das Vorbereiten natürlich schneller geht als das Kochen, vertreiben wir uns die Zeit mit einem Spiel.

Dazu setzen wir uns alle um einen Tisch herum und man klopft mit der flachen Hand auf den Tisch. Einmal klopfen bedeutet selbe Richtung nächste Hand, zweimal Klopfen ist ein Richtungswechsel. Braucht man zu lange zum klopfen oder klopft falsch, weil man nicht dran ist, scheidet die entsprechende Hand aus. Bei zwei Fehlern ist man also ganz raus. Das Spiel wäre einfach, wenn man nicht seine rechte Hand vor den Körper des rechten Nachbarn legen müsste und die linke Hand vor den Körper des linken Nachbarn. So hat man vor sich zwei fremde Hände liegen. Nämlich links die rechte Hand vom linken Nachbarn und rechts die linke Hand des rechten Nachbarn. Kommt also das Klopfen von links, muss man, wenn man dran ist, mit seiner linken Hand einmal Klopfen. Danach klopft der linke Nachbar mit seiner rechten Hand, dann der rechte Nachbar mit seiner linken Hand und schließlich man selbst wieder mit der rechten Hand. Das allein ist schon lustig, allerdings kommt ja noch hinzu, dass eventuell jemand zweimal mit einer Hand klopft und dadurch die Richtung ändert. Zu guter Letzt gibt es noch eine gewisse Eigendynamik in Form zunehmender Klopfgeschwindigkeit. Somit ist sowohl das Chaos als auch der Spaß perfekt.

Nach viel Lachen und Aufstöhnen steht der Sieger fest und wir decken den Tisch. Ein kurzes Gebet vor dem Essen und das Geschnatter geht los. Auch hier gibt es ein Drei-Gänge-Menü. Allerdings muss man sich ein wenig beeilen, da noch der Abwasch erledigt werden muss und das Abendgebet ansteht.

Dafür gehen wir in das Chorgestühl der Kirche auf der Empore. Jeder erhält einen Text in seiner Sprache und trägt diesen gemeinsam mit den gleichsprachigen Pilgern vor. Danach schweifen meine Gedanken ab. Ich muss an die Kathedrale und den Hahn denken. Daran, wie ich anschließend ohne weitere Pausen und vor allem ohne Schmerzen sieben Kilometer laufen konnte. Vor lauter Dankbarkeit kommen mir schon wieder die Tränen. Und dann bekomme ich von meinem rechten Sitznachbar eine brennende Kerze angereicht und alle schauen mich an. Ich bin der Einzige mit Kerze. Da meine Gedanken bis eben ganz woanders waren, habe ich nicht die geringste Ahnung, was gerade von mir erwartet wird. Ich starre die Kerze an und überlege krampfhaft, ob ich nicht doch irgendetwas mitbekommen habe. Aber nichts. Gar nichts. Und so schaltet sich die Logik ein. Die Kerze wurde mir von rechts gereicht, also wird sie nach links weiter gegeben. Vermutlich habe ich einen hochroten Kopf, was aber bei den bestehenden Lichtverhältnissen nicht auffallen dürfte. Mein linker Nachbar erzählt, mit der Kerze in der Hand, was er Schönes auf dem Jakobsweg erlebt hat, und reicht die Kerze weiter. Das also hätte ich tun sollen.

Als alle kurz darauf auf ihren Matten liegen, wünscht der Hospitalero eine gute Nacht und das Licht geht aus. Etwa einen Wimpernschlag später schlafe ich. Allerdings nicht allzu lange. Normalerweise werden Frauen als Schlafnachbarn gerne gesehen, da sie seltener schnarchen als Männer und wenn, dann ist es doch eher der süße Versuch eines Schnarchens, den man kaum wahrnimmt. Diese Regel ist der Dame aus Sydney neben mir reichlich egal und da sie mit dem Gesicht zu mir liegt, hat sich das mit dem ruhigen, erholsamen Schlaf für heute Nacht erledigt. Gefühlt wache ich einmal pro Stunde auf.

Der erste Regen

Es ist immer wieder schön, zu wissen, woran man ist. Hier in der Herberge wurde, wie bereits erwähnt, direkt gesagt, dass wir um 6.30 Uhr geweckt werden würden. Die Hospitaleros erwarten dann, dass man aufsteht und sich fertigmacht. Bis sieben Uhr schlafen, braucht man sich dementsprechend erst gar nicht vorzunehmen. Um 6.30 Uhr Wecken heißt aber nicht automatisch, dass man bis dahin Ruhe hat. Denn einer nach dem anderen steht schon um sechs Uhr auf. So gebe ich den Versuch auf, noch ein wenig schlafen zu können, und stehe ebenfalls auf. Morgentoilette, Packen, Matte wegräumen und anschließend frühstücken. Um das Frühstück muss man sich als Pilger nicht kümmern, das machen hier die Hospitaleros und es fällt spanisch aus. Um kurz nach sieben Uhr bin ich dann wieder unterwegs. Vielleicht ist es ja Absicht, dass das Frühstück kein Gaumenschmaus ist. Sonst käme man wo möglich auf die Idee es sich gemütlich zu machen und erst spät zu starten.

Etwa eine Stunde später überhole ich eine junge deutsche Pilgerin, die die letzte Nacht in derselben Herberge verbracht hatte. Das Bild wie sie vor mir her läuft, hat sich mir beinahe eingebrannt. Nicht weil sie so gut aussieht, vielmehr, weil sie barfuß unterwegs ist. Ihre Schuhe hat sie in der Hand und so schlendert sie über den mit spitzen Steinen geschotterten Weg. Das Problem, so erzählt sie, läge in den Schuhen. Sie bekam Druckstellen und so hat sie beschlossen, heute Barfuß zu laufen. Mit einem Hinweis auf die spitzen Steine auf dem Wegabschnitt, gratuliere ich ihr zu der Wahl dieses Abschnittes. Lächelnd weist sie mich darauf hin, dass man sich an alles gewöhnen kann.

Ich muss ihr recht geben. Die schmerzenden Knie, die mich gestern noch ans Abbrechen haben denken lassen, sind ja auch nicht mehr da. Es ist unglaublich schön, ohne diese Schmerzen laufen zu können. Natürlich merke ich im Laufe des Tages, dass ich gelaufen bin. Auch melden sich meine Knie, wenn es mal bergab geht, aber das alles nur in einem Rahmen, der zeigt, dass die Nervenbahnen funktionieren. Das leichte Ziehen in den Knien auf den Bergab-Strecken verschwindet auch wieder, wenn es wieder eben wird, und ich muss sagen, dass mich dieser Umstand immens freut.

Ein Highlight des Weges ist Belorado. Der Ort hat an vielen seiner Fassaden wunderschöne Bilder, die in irgendeiner Form etwas mit dem Jakobsweg zu tun haben. Mal sind es Mauern, auf denen eine Karte des Weges zu sehen ist, ein anderes Mal ist es eine komplette Fassade, auf der ein Schuhmacher bei der Arbeit zu sehen ist. Dazu lädt der Marktplatz mit seinen Cafés zum

Verweilen ein. Und dann kommt noch eine andere wichtige Eigenheit des Ortes dazu: Von hier aus sind es knapp über 50 Kilometer bis Burgos, und auf diesen 50 Kilometern gibt es keinen Geldautomaten. Wer also hier kein Geld holt und nicht genügend Geld dabei hat, darf entweder sehr weit am Stück laufen oder muss betteln. Da dieser Umstand in meinem Pilgerführer erwähnt wird, spreche ich jeden Pilger darauf an und sehe einige große Augen. Auch ich decke mich hier noch mal mit Geld ein und ziehe weiter. Der Ort wäre zwar schön zum Übernachten, aber es ist einfach noch viel zu früh. So folge ich einem weiteren Highlight des Städtchens, den Wegweisern, wieder aus der Stadt heraus.

Viele Städte auf dem Weg haben ihre eigene Art, den Verlauf des Weges zu markieren. In Saint-Jean-Pied-de-Port waren es lang gezogene Dreiecke mit dem Muschel-Symbol, die als Pfeil die Richtung wiesen, in Pamplona waren es runde Platten aus Edelstahl mit der Jakobsmuschel und manche Städte verwenden schlichte Schilder mit der Muschel und einem Pfeil. Hier, in diesem, von Kunst geprägtem Städtchen, sind es Platten mit dem Abdruck einer Hand und eines Fußes. Aber es sind nicht, wie sonst üblich, alles dieselben Platten, sondern jede einzelne Platte ist einzigartig. Auf diese Art sind sogar die Wegweiser Kunstobjekte.

Kaum bin ich aus Belorado raus, muss ich zunächst mein Kartenmaterial prüfen, um zu sehen, ob ich aufstöhnen muss oder durchatmen darf. Es ist April und in den Höhenlagen des Weges muss man im April noch mit Schnee rechnen, den ich in der Ferne auch sehe sowie die ziemlich hohen Berge unter dem Schnee. Eigentlich mache ich mir um den Schnee gar keine Sorgen. Ich habe zwar vor drei Tagen alles, was warm hält, nach Hause geschickt, aber zur Not kann ich ja alles, was ich noch dabei habe, übereinander anziehen. Das Problem sind die Berge. Ich bin gerade froh, keine Schmerzen mehr zu haben, aber wenn ich da hoch und vor allem wieder runter muss, dann bedanken sich meine Knie garantiert dafür. Und das vollkommen zu recht. Nachdem ich die Karte genordet habe, stelle ich fest, dass ich nicht in den Schnee muss. Der Berg hat auch über 2000 Meter und da der höchste Punkt des Jakobsweges bei etwa 1500 Metern liegt, fällt dieser Berg sowieso raus.

Der Weg ist hier schön flach, läuft aber größtenteils an einer Straße entlang. Hin und wieder eröffnen sich aber dennoch schöne Aussichten, sodass ich den Weg genießen kann. Meine integrierte Jukebox verwöhnt mich heute mit einer Dauerschleife von „Love is in the air" und so komme ich nach munteren neun Stunden laufen in Villafranca Montes de Oca an. Die Herberge befindet sich direkt neben einem Hotel und auch Horst hat es hierher verschlagen. Allerdings hat er durch Unkenntnis der Geldautomaten-Problematik kaum noch Geld. Da er ja einen Großteil des Essens in Azofra bezahlt hatte, gebe ich ihm kurzerhand ein paar Euro, damit er hier essen und übernachten kann. Mehr will er nicht haben. Sein Plan sieht vor, morgen Burgos und somit einen Geldautomaten zu erreichen. Das sind von hier aus etwa 40 Kilometer. Das ist sportlich, aber durchaus machbar. Dennoch bin ich froh, dass ich nicht so weit laufen muss.

Beim Pilgermenü entscheide ich mich heute mal wieder für den Fisch, was in diesem Fall eine Forelle ist. Als der Teller kommt, bin ich ein wenig erstaunt. Ich weiß ja, dass Forellen aus einem Ei schlüpfen und dann langsam wachsen, aber ich glaube, ich habe noch nie eine derart kleine Forelle gesehen. Auch Horst scheint meiner Meinung zu sein, dass dieses Tier viel zu klein ist. Er sagt zwar nichts, aber seine Blicke sprechen Bände. Dafür schmeckt uns der Wein. Der ist zwar auch hier trocken und leicht sauer, aber das schmeckt man mit jedem Schluck weiniger.

Die nötige Bettschwere erreicht man auf diese Art natürlich auch etwas früher als üblich und so verschwinde ich, nach einem Telefonat mit meiner Frau, zeitig im Bett. Wenn man abends viel trinkt, bekommt man das leider auch in anderer Form als der frühen Müdigkeit zu spüren und so muss ich mitten in der Nacht aufstehen um die Toilette aufzusuchen. Das Unpraktische an diesem Toilettengang ist das Doppelstockbett, in dem ich natürlich oben liege. Und einige der zwanzig Mitschläfer bekommen es mit, sagen aber nichts. Mit so vielen Menschen in einem Raum ist es auch normal, dass der eine oder andere einmal auf die Toilette muss.

So ist auch das morgendliche Prozedere nichts besonderes. Jeder steht nacheinander auf und packt seine Sachen. Nur, dass es heute eine Asiatin gibt, die keinen Rucksack, sondern einen Reisekoffer packt. Ich halte es für unwahrscheinlich, dass sie diesen mit auf den Weg nimmt, denn auch hier gibt es einen Transport-Service.

Mein Rucksack darf dafür heute zeigen, was er kann. Es soll nämlich leicht regnen. Draußen angekommen, freue ich mich darüber, dass es dies im Moment nicht tut. Allerdings kann ich das nur etwa 80 Meter im Voraus sagen. Weiter reicht mein Blick dank des Nebels nämlich nicht. So ist auch ein Hinweisschild am Weges-rand zwar schön anzusehen, aber die angepriesene Aus-sicht hat man aktuell nicht. Ein paar Minuten später wird man aber dafür entschädigt. Der Wald, den man nun betritt, lässt einen alles vergessen. Die knorrigen Äste der Bäume sind mit Moosen bewachsen und die Zweige werden von hellen, langfiedrigen Flechten überwuchert. Selbst an den Büschen wachsen an den älteren Zweigen Moose und weiter außen dann wieder Flechten. In Ver-bindung mit dem Nebel warte ich nur darauf, das Trolle, Feen oder Kobolde irgendwo zwischen den Blumen am Boden auftauchen. Aber das Einzige, was man sonst noch wahrnimmt, ist man selbst. Der eigene Atem und die eigenen Schritte. Alle anderen Geräusche werden, wie der Weg selbst, vom Nebel verschluckt. So laufe ich eineinhalb Stunden durch diesen wunderschönen Wald, ohne auch nur einen einzigen Menschen zu sehen oder zu hören.

An einer indianisch angehauchten Station gönne ich mir ein Frühstück. Dieses wird hier aus einem kleinen Wohnmobil heraus verkauft. Das heißt, eigentlich wird es gegen eine Spende verschenkt.

Vorbei an einem Kloster mit einer Bar biegt man wieder in einen Wald ab, der es allerdings in sich hat. Ganze zehn Minuten brauche ich, um sage und schreibe 100 Meter vorwärtszukommen. Dabei ist der Weg sehr gut ausgebaut. Das Problem liegt eher neben dem Weg. Ein El-Dorado für Makro-Fotografen. Moose, Flechten, Blumen und Tiere wechseln sich hier in einer unglaublichen Dichte ab. Da kämpfen Flechten mit den Moosen um Besiedlungsflächen und zwischendurch kommt man an einem Ameisenhügel vorbei. Ein Stückchen weiter sieht es so aus, als wenn irgendein schwarzer Pilz eine Flechte überwuchern möchte. Und dann kommt ein deutscher Pilger vorbei.

Ich nutze die Chance und lasse mich von ihm mitziehen, sonst wäre ich dort vermutlich nicht mehr so schnell weggekommen. Der Preis dafür ist hoch. Mit ihm renne ich regelrecht. Er kommt aus Ostdeutschland und scheint immer noch auf der Flucht zu sein. Über eine Kuhweide, auf der uns die Kühe anschauen, als fragten sie sich, warum wir so eine Hektik verbreiten, vorbei an ein paar Steinkreisen, sind wir ruckzuck in der nächsten Ortschaft. Hier muss der Genosse zu der Herberge. Er hat seinen Rucksack nämlich heute transportieren lassen. Allerdings fährt der von ihm gewählte Dienst nur 25 Kilometer weit. Und so muss er nun hier auf seinen Rucksack warten, möchte anschließend aber noch weiter laufen. Auf diese Art verlassen, laufe ich wieder alleine, dafür aber ein ganzes Stück gemütlicher. Und so meldet sich auch sofort meine Jukebox und spielt dieses Mal „One Way Ticket" von Eruption.

In Atapuerca gönne ich mir in einer Bar, die gleichzeitig ein Einkaufsladen ist, etwas zu essen. Man kann dort auch draußen sitzen, was sich bei dem Wetter anbietet, denn von dem angekündigten Regen ist weit und breit nichts zu sehen. Der Nebel hat sich aufgelöst und die Sonne scheint ohne jegliche Hindernisse in Form von Wolken vom Himmel herunter.

Kurz vor Atapuerca hat man vor einigen Jahren etwa 800.000 Jahre alte Knochen in einer Höhle gefunden, die man der Gattung Homo zuordnen konnte. Also quasi ziemlich alte Menschenknochen. Wegen dieser Funde taucht der kleine Ort auch in der Liste des Weltkulturerbes auf.

Am Ortsende treffe ich auf eine achtköpfige deutsche Pilgergruppe. Die machen auch gerade Pause und versuchen, telefonisch acht Betten zu reservieren. Das allein ist schon recht schwierig und trotzdem bieten sie mir an, für mich mit zu reservieren. Das finde ich sehr nett, lehne aber ab. Zum einen wird es für diese Gruppe dann noch schwieriger, etwas zu finden, und zum anderen möchte ich mich nicht festlegen, wo ich übernachten werde. So wünsche ich ihnen viel Glück und laufe weiter.

Fasziniert bin ich nach wie vor von den Landschaften. Gestartet bin ich heute in einer Feld-Landschaft, die in diesen mystischen Wald überging. Dem folgten wieder fruchtbare Felder bis Atapuerca. Hinter dem Ort steht man dann plötzlich in einer steinigen, beinahe schon felsig kargen Heidelandschaft. Das Gras zwischen den Steinen ist extrem kurz und die Bäume knorrig und verhältnismäßig klein. Der Weg geht sanft bergauf, aber nicht so sanft, dass ich kein Mitleid mit den Soldaten hätte, die hier üben dürfen. Neben dem Weg beginnt ein Truppenübungsplatz. Im Moment wird er als Schafweide genutzt, aber die roten Schilder sind eindeutig. „Prohibido el Paso zona Militar". Auch ohne Spanischkenntnisse versteht man, dass man auf dem Gelände nichts verloren hat. Und für die, die es nicht verstehen wollen, wurde ein Stacheldrahtzaun aufgestellt. Augenscheinlich ein sehr schönes, aber aus der Sicht eines übenden Soldaten, ein sehr anstrengendes Gelände.

Kurz bevor ich die kleine Hochebene erreiche, sehe ich am Wegesrand eine Eidechse sitzen. Allein der Körper ist etwa 20 Zentimeter lang und dazu kam ein Schwanz von 25 bis 30 Zentimeter Länge. Verblüfft über die Größe des Tieres halte ich kurz inne. Sie schaut mich an, ich sie und dann verschwindet sie zwischen den Steinen. So aus dem Lauftakt geworfen, lege ich am Cruz de Atapuerca, welches direkt am Anfang der Hochebene steht, eine kleine Pause ein und lasse die Landschaft auf mich wirken.

Die Hochebene ist eine Grassteppe, die mit sehr vielen kleinen Steinen übersät ist. Einige dieser Steine wurden, vermutlich von Pilgern, zu einer etwa 30 Meter großen Spirale zusammen gelegt. An dem bereits vom Anfang der Ebene zu sehendem Ende schließen sich wieder knorrige Bäume an, die klein genug sind, dass man über sie hinweg in die Tiefebene schauen kann. Der Weg ins Tal ist beispielhaft für die angeblichen Vorteile eines Fahrradpilgers. Er könnte sich ja immer so toll bergab rollen lassen. Ich hätte ich Angst mich hier herunterrollen zu lassen. Nicht weil es so steil ist, es ist die Wegbeschaffenheit, die es dem Radfahrer schwer macht.

In Cardeñuela Riopico angekommen, habe ich die Wahl zwischen zwei Herbergen. Da ich zu der einen bergauf laufen müsste, versuche ich es erst einmal mit der anderen Herberge. Ohne Spanischkenntnisse in dieser Herberge ein Bett zu bekommen, ist eine kleine Herausforderung. Die Dame am Tresen kann nicht besonders viel Englisch und hier wird gleich alles mitgebucht. So wird man ausgefragt, ob man die Wäsche gewaschen bekommen möchte, ob und was man gerne zum Abendessen hätte und ob man am nächsten Morgen auch frühstücken wolle. Nachdem ich fertig bin, kommt eine Dame aus Estland an, die weitaus weniger Zeit für das Einchecken benötigt. Sie kann nämlich Spanisch.

Das allabendlich übliche Prozedere aus Bett beziehen, Duschen und so weiter fällt heute sehr viel kürzer aus, da ich die Wäsche gewaschen bekomme. Das habe ich, nachdem ich endlich kapiert hatte, was die Dame eigentlich von mir will, mitgebucht. Die dadurch gewonnene Zeit verbringe ich mit dem Versuch, den Damen hinter dem Tresen, es sind mittlerweile zwei, zu erklären, dass ich gerne einen für die Gegend typischen Schnaps hätte. Den bekomme ich dann auch. Ich hätte mir allerdings aufschreiben sollen, wie der hieß, denn er war richtig lecker. Leider habe ich den Namen schneller wieder vergessen, als ich brauchte, um ihn mir zu merken. Das Abendessen kann ich mir einfacher merken und ist an sich in Ordnung. Ich habe mir wieder Fisch bestellt. Aber es ist nur Karpfen. Ohne jegliche Beilagen. Ein wenig seltsam, aber was soll's. Dafür ist die Unterhaltung mit den anderen Pilgern umso besser.

In der Nacht kann man auf dem Jakobsweg ja so einiges erleben. In der Regel sind es Schnarcher und Schnalzer, aber hier ist es lustig. Im Raum liegt unter anderem ein Koreaner. Mitten in der Nacht redet dieser auf einmal los und hört gar nicht mehr auf. Es ist ja schon schwer, jemanden zu verstehen, der in der eigenen Sprache nachts etwas vor sich hin nuschelt, aber mit dem koreanischen Gemurmel bin ich vollkommen überfordert. Ich drehe mich um, damit ich wieder schlafen kann, höre aber jetzt die Bettnachbarin, die in dem Bett gegenüber liegt. Und die scheint gerade einen Marathon zu laufen. Zumindest hat sie eine Atemfrequenz, die diese Vermutung zulässt. Vielleicht rennt sie ja gerade über den Jakobsweg. Sie und ihre Freundin gehören nämlich zu den Etappen-Läufern. In vier Tagen, so haben sie beim Abendessen erzählt, fahren sie wieder heim und kommen im nächsten Urlaub wieder, um die nächste Etappe in Angriff zu nehmen. Irgendwann scheint sie dann angekommen zu sein, denn ihr Atem beruhigt sich und ich kann endlich schlafen.

Am Frühstückstisch wird es dann noch einmal lustig. Zwei Damen, die gestern beim Abendessen schon am selben Tisch saßen, drohen mir damit, dass sie mich kriegen, wenn ich recht behalten sollte. Beim Abendessen hatte ich nämlich erwähnt, dass die Wetter-App auf meinem Handy für den heutigen Tag Regen angekündigt hätte. Darauf haben die beiden aber keine Lust. Als ich die Herberge verlasse, sind die beiden schon über alle Berge, dafür stehe ich einsam vor einem ebenso einsamen Hund.

Man liest viel über verwilderte Hunde auf dem Jakobsweg. Demnach soll es Abschnitte geben, die man besser nur gemeinsam mit anderen Pilgern geht. Tatsächlich wird der typische Pilgerstab, der klassischerweise etwas länger als der eigene Körper ist, in alten Schriften als „geeignete Waffe gegen wildes Getier" beschrieben. Der Hund vor mir ist nicht verwildert. Er hat ein gepflegtes Fell, ist wohl genährt und sieht aus wie eine Mischung zwischen einem Deutschen Schäferhund und einem Husky. Allerdings scheint er von dem Schäferhund nur ein kleines bisschen Farbe abbekommen zu haben, die Rute, das plüschige Fell und vor allem die Augen hat er eindeutig von einem Husky. Aus der Ferne hört man den Ruf eines Mannes, der Hund schaut in die Richtung, aus der der Ruf kommt und geht dann schwanzwedelnd in die andere Richtung davon, was zu noch mehr Rufen führt. Schlecht hören kann er schon mal gut.

Vorbei an einem schönen Wandgemälde von einem vollkommen überladenen Pilger, bei dem ich sofort wieder an Manfred mit seinem Wasserfilter denken muss, geht es Richtung Burgos. Heute heißt es, erst einmal aufzupassen. Der offizielle Weg führt nördlich am Flughafen von Burgos vorbei und anschließend durch ein Industriegebiet und wird in meinem Pilgerführer als wenig erstrebenswert beschrieben. Für die Alternative muss man ein Stück vor dem Flughafen links abbiegen und das will ich nicht verpassen. Tue ich auch nicht. Ich passiere ein paar Häuser eines Neubaugebietes, das hier mitten in der Landschaft errichtet wurde, und erreiche wenig später die Südseite des Flughafens. Von da an folge ich dem Zaun des Flughafens. Immer wieder wandert mein Blick über die Startbahn und das Gebäude des Flughafens. Nicht ein Flugzeug bewegt sich dort. Wenn man den Frankfurter Flughafen gewöhnt ist, hat dieser Flughafen hier etwas richtig Gemütliches an sich. In einem kleinen Ort hinter dem Flughafen stoße ich auf eine stark befahrene Nationalstraße und folge dieser etwa zwei Kilometer bis in ein Gewerbegebiet. Nachdem ich mein Kartenmaterial noch einmal bemüht habe, biege ich in das dortige Wohngebiet ab. Von dort geht es dann über ein paar Wiesen zu einer Brücke und nach ihrer Überquerung laufe ich durch eine parkähnliche Landschaft am Rio Arlanzón entlang nach Burgos. So stelle ich mir eine Alternative vor. Anstatt Industrie habe ich Bäume, Büsche und einen kleinen Fluss. Natürlich merkt man hier die Nähe der Großstadt. Fahrradfahrer, Jogger, Spaziergänger und das alles in Mengen. Nur keine Pilger. Was diese Sparte angeht, scheine ich weit und breit das einzige Exemplar zu sein.

Bis zu der Brücke Puente de San Pablo folge ich dem kleinen Fluss. Während ich dann an der Straße, die über die Brücke führt, auf das Grün der Fußgängerampel warte, werde ich von einem jungen Mann angesprochen, dessen beiden Freunde noch an mir vorbei laufen, dann aber auf ihn warten. Er fragt, ob ich Pilger sei, was ich bestätige. Es ist ja eigentlich leicht an dem Gepäck und der Muschel zu erkennen. Er erzählt mir, dass er ein Sinti sei, und fragt gleich nach, ob ich wüsste, was ein Sinti ist. Nach ein paar belanglosen Fragen über meinen Startpunkt und ob ich die Strecke in einem Stück laufen würde, wurde die Ampel grün und er verabschiedete sich. Seine Freunde, die die ganze Zeit hinter mir standen, schauten ihn seltsam an und gingen mit ihm fort, während ich zunächst die Straße und anschließend die Brücke überquerte.

Ich denke auch heute noch oft an diese Situation zurück. Nachträglich betrachtet vermute ich, dass der eine mich ablenken sollte, während einer der beiden anderen mich mit einem Auslesegerät für Kartenzahlungen abgesucht hat. Man kann ja mit der EC-Karte kontaktlos kleinere Geldbeträge ohne PIN-Eingabe bezahlen und ich vermute, dass die drei es darauf abgesehen hatten. Problem aus der Sicht dieser drei Herren war, dass zum einen die Karten vorne untergebracht waren und zum anderen, dass ich zum damaligen Zeitpunkt Karten hatte, die nicht über diese Funktion verfügten.

Vorbei an der Statue des El Cid, einem Volkshelden der Spanier, führte mich der Weg dann schließlich auf der nördlichen Uferseite durch eine sehr städtisch wirkende Parkanlage. Über den mit Statuen und einem Musikpavillon gesäumten Weg, gelange ich zum Arco de Santa Maria. Dieses Stadttor muss man auf sich wirken lassen. Eingekeilt von zwei Wohngebäuden steht dort eine Prunkburg. An den Seiten von Türmen flankiert, die Fassade oberhalb der Tor-Öffnung mit Statuen versehen und als zweites Geschoss quasi eine weitere Burg mit vier sichtbaren Türmen. Ganz obenauf, die Schutzpatronin der Stadt Burgos: Maria mit Kind. Durch den hellen Kalkstein leuchtet das Gebäude in der Sonne regelrecht zwischen den anderen hervor. Läuft man dann unter dem Bollwerk hindurch und betrachtet es von der anderen Seite, ... machen Sie das nicht! Blicken Sie lieber nicht zurück. Es sei denn natürlich, sie wollen einfaches Sichtmauerwerk sehen. Keine Verzierungen, keine Formen, einfach nur Mauer – mit einem Torbogen. Außerdem hat man etwas ganz anderes zu tun, wenn man durch das Tor gegangen ist.

Ich glaube, es gibt nicht viele Gebäude in Burgos, deren Äußeres die vordere Fassade dieses Tores toppen können, aber die Kathedrale, vor der man nun steht, kann es. Verwinkelt, verschachtelt und von dieser Position aus vermutlich nicht einmal halb zu sehen, befindet diese gigantische Kathedrale auf der anderen Seite des Platzes. Sie gehört bereits seit 1984 zum UNESCO-Weltkulturerbe und ist schon auf den ersten kurzen Blick von außen wunderschön. Ich gehe über den Platz und betrete die Kathedrale durch einen Zugang auf der Südseite. Zur Rechten befinden sich abschließbare Fächer, in die auch mein Rucksack passt. Nachdem ich den Eintritt bezahlt und mir einen Stempel geholt habe, gehe ich um ein paar Ecken herum und komme dann von dem Vorraum in die eigentliche Kathedrale.

Nehmen Sie einmal gedanklich alle kunstvollen Dinge aus einem Dom in Deutschland. Vollkommen egal welcher Dom. Nehmen sie die ganzen Altäre, Fresken, Gemälde und das Chorgestühl und stecken alles in eine normalgroße Dorfkirche. Die Orgel, das Kreuz und die bunten Fenster kommen ebenfalls noch dazu. Dann haben sie eine der Kapellen in dieser Kathedrale. Natürlich hat die Kathedrale von Burgos nicht nur eine. Wenn ich mich recht entsinne, sind es sechs. Zumindest wenn man die Nebenräume zählt, die sich laut Plan auch Kapelle nennen. Von dem Hauptschiff will ich erst gar nicht anfangen. Um es kurz zu machen: Man wird erschlagen und anschließend erdrückt. Wer das Innere der Kathedrale wirklich sehen möchte, der sollte sich einen kompletten Tag Zeit nehmen. Es ist schier unglaublich. Dabei ist es vollkommen egal, worauf man

Wert legt. Architektur, Gemälde, Fresken, Altäre, Chor oder die Orgel.

Ich gebe es relativ schnell auf, alles betrachten zu wollen, und schlendere durch die Kathedrale. Es ist einfach zu viel. Nach etwa einer Stunde verlasse ich die Kathedrale und beginne sie zu umrunden. Also wenn man dieses Gebäude mit all seinen Details erfassen möchte, was soll ich sagen, einen halben Tag braucht man dafür bestimmt. Egal an welcher Ecke oder in welchem Gebäudewinkel. Die Türen, die Tore, Fenster oder einfach nur die Türme. Es ist schon ein wahnsinnig imposanter Bau. Allerdings sollte man der Gotik nicht abgeneigt sein, sonst wird es schwierig.

Nach der halben Umrundung setze ich mich in eine Bar gegenüber der öffentlichen Herberge. Diese ist, wohl aufgrund der Nähe zum Zentrum, äußerst beliebt, öffnet aber erst um zwölf Uhr. Und so steht dort jetzt, um kurz vor zwölf Uhr, eine sehr lange Schlange von Pilgern. Ich genieße in der Bar mein Mittagessen und gehe weiter. Ich will aus Burgos raus. Der Trubel hier macht mich nervös und so ziehe ich weiter, schließlich ist es ja auch noch früh.

Natürlich gehe ich so, dass ich letztendlich die komplette Kathedrale umrundet habe. Die erste Hälfte vor dem Essen und jetzt den Rest. Vorbei geht es am nördlichen Turm, der eigentlich die Kapelle der Spender ist. Natürlich nicht irgendwelche Spender, sondern die der

Kathedrale. Wer so eine Kathedrale bezahlt, hat sich auch eine Kapelle verdient. Allerdings möchte ich nicht wissen, was sie an zusätzlichen Kosten verursacht hat. An die Kapelle schließt die Mauer des Äußeren des Kreuzganges an. Die Fassade des Kreuzganges ist äußerst schlicht. Nichts erinnert an die schon beinahe pompöse Fassade der Kathedrale. Allerdings kann man hier auch schlecht etwas bestaunen, denn die Gasse die hier entlang führt, ist gerade mal drei Meter breit. Somit muss man sehr steil nach oben sehen, um die gesamte Fassade zu erfassen. Wäre dort eine Statue angebracht, würde man ihr allenfalls unter den Rock schauen, würde aber ansonsten nichts sehen. Auf der zweiten Seite, Richtung Vorplatz, ist die Fassade zwar genauso schmucklos, allerdings sind hier im Erdgeschoss Lichtdurchlässe vorhanden, die mit geschmiedeten Gittern verschlossen sind. Diese Schmiedearbeiten sind, wie sollte es anders sein, sehenswert.

Da ich nun die Kathedrale auch von außen von jeder Seite gesehen habe, beende ich meine kleine Besichtigungstour und gehe durch den Arc de Santa Maria und über die Puente de Santa Maria zurück zum Jakobsweg. Es ist schon recht auffällig, wer die Schutzpatronin der Stadt ist. Dem Flüsschen folgend geht es vorbei an der Universitaria Santa Maria immer weiter aus Burgos raus. Auf Höhe der Universitätsresidenz „Camino de Santiago", wow, die kennen doch noch andere Namen als

„Maria", erhasche ich einen Blick auf den südlichen Himmel. Und der ist dunkel. Wie um das Sichtbare ein wenig mit Geräuschen aufzupeppen, höre ich ein dumpfes, aber gewaltiges Grollen.

Auf der einen Seite empfinde ich tatsächlich eine Art freudige Anspannung, da ich endlich mal meine Regenkleidung ausprobieren kann. Gleichzeitig hoffe ich aber, dass mich die Damen von heute Morgen nicht erwischen mögen. Sie haben es mir zwar angedroht mich zu kriegen, aber ich vermute, dass die beiden allein schon aufgrund ihres Tempos einige Kilometer vor mir sind, dass sie diesen Regen sowieso nicht abbekommen. Etwa 500 Meter weit komme ich, bevor die Schleusen sich öffnen. Ich verschwinde erst einmal in einen etwas zurückgesetzten Eingang eines Wohnblocks. Dort setze ich in freudiger Erregung meinen Rucksack ab, öffne den vorderen Reißverschluss und hole die griffbereite Regenjacke und -hose heraus. Zwei Minuten später stehe ich auf Regen getrimmt da. Sogar der Rucksack hat seinen Regenschutz bekommen. Und dann hört es auf zu regnen.

Aus purem Trotz laufe ich trotzdem in Regenkleidung weiter. Nachdem ich Burgos verlassen habe, wird es ein wenig unübersichtlich. Durch den Neubau von diversen Straßen wird der Weg hier immer wieder verlegt und das ist, was die Markierungen angeht, ein wenig verwirrend. Wenigstens fängt es erneut an, zu tröpfeln. Die Wolken sehen zwar aus, als ob sie mehr zu bieten hätten als ein paar Tröpfchen, aber was solls, Hauptsache, ich habe die Regenkleidung zu recht angelassen. Als ich an zwei Pilgerinnen vorbei komme, die sich unter einem Baum untergestellt haben, lästere ich, dass das Wetter doch gar nicht so schlimm ist, und bekomme als Quittung zwei mordlüsterne Blicke zugeworfen. Kurz darauf bin ich froh, dass ich gerade noch eine Unterführung erreiche. Unmittelbar nachdem ich im Trockenen stehe, zeigt die Wolke dann plötzlich, was in ihr steckt. Und das sind etwa fünf Millimeter große Hagelkörner. Ich beschließe kurzerhand, eine Pause einzulegen, zünde mir eine Zigarette an und telefoniere mit meiner Frau. Es hört zwar einigermaßen schnell wieder auf zu hageln, aber Pause ist Pause und die wird nun gemacht. Prompt kommen die beiden Pilgerinnen vorbei und fangen an zu lästern, dass ich mich doch noch untergestellt habe. Da muss ich mit meinem losen Mundwerk jetzt halt durch.

Die Herberge im nächsten Ort, hat heute mal meine Frau ausgewählt. Auf den Bildern im Internet sah diese toll aus. Tatsächlich ähnelt sie schon fast einem Hotel. Die Zimmer sind zwar mit sechs Personen belegt und das Bad ist auf dem Flur, aber eine Kochmöglichkeit scheint es hier nicht zu geben. Letzteres wäre auch kontraproduktiv für das zugehörige Restaurant.

Natürlich gibt es auch in diesem Restaurant ein günstiges Pilgermenü, welches wie immer aus den gleichen drei Vorspeisen, Hauptspeisen und Nachspeisen besteht.

Abwechslung gibt es trotzdem. Zum Beispiel ist der Fisch mal eine Forelle, mal ein Karpfen oder sonstiges. Auch die Qualität ist unterschiedlich, so ist das gegrillte Hähnchen ab und an mehr gekocht als gegrillt, aber egal wie, es macht satt. Außerdem kann man die Teile des Menüs ja auf 27 verschiedene Arten miteinander kombinieren. Außer natürlich, man mag beispielsweise keinen Fisch. Dann fallen halt gleich neun Varianten raus. Aber irgendwann will man auch mal was völlig anderes. Das „völlig andere" muss man allerdings entweder selber kochen, was hier nicht möglich ist, oder teuer bezahlen, indem man à la carte isst. Es ist jedem selbst überlassen, wie er sich versorgt. Je luxuriöser man auf dem Jakobsweg lebt, desto teurer wird es.

Was ich viel schlimmer finde, ist die hiesige Aufbewahrungsmöglichkeit für die Schuhe. Es ist Usus, die Schuhe, mit denen man tagsüber unterwegs war, in der Herberge auszuziehen, und nicht mit ihnen durch die Räumlichkeiten zu laufen. Das verhindert, dass die Zimmer dreckig werden. Auch stellt man den Rucksack nicht auf dem Bett ab. Während man fast überall, einen guten Platz für seinen Rucksack hat, halte ich den Platz, um die Schuhe abzustellen, für ungeeignet. Natürlich ist es wie immer ein Regal, was, wenn es draußen schlammig wird, lustig werden kann. Dann sind nämlich alle Schuhe braun und unter Umständen fängt dann morgens die Sucherei an. Aber hier ist das Regal außerhalb in einer sehr luftdurchlässigen Kammer. Vom Prinzip her ist luftig ja gut, da sich ja tagsüber der eine oder andere stinkige Fuß darin befunden hat. Das Problem sehe ich in der Wetterlage. Es soll heute Nacht kalt werden. Also richtig kalt. Wer schon einmal in gefrostete Schuhe geschlüpft ist, ich hatte meine schon mal im Winter im Kofferraum vergessen und musste diese am nächsten Morgen anziehen, der weiß, dass das ziemlich unangenehm ist. Und wenn dann noch eine hohe Luftfeuchtigkeit dazu kommt, ist es vollends Schluss mit lustig. Da ich keinen gesteigerten Wert auf Eisklötze in den Morgenstunden lege, schmuggele ich die Schuhe ins Zimmer und stelle sie dort unter mein Bett.

Die Nacht ist mal wieder bravourös. In der gegenüberliegenden Ecke liegt eine Kanadierin, die wie so mancher, ein Problem mit Bäumen hat. Also sägt sie diese ab. Zumindest dem Geräusch nach. Und auch die typischen Gegenmaßnahmen werden eingeleitet. Der Mann im Bett neben mir schnalzt mit der Zunge, was die Dame aber wenig beeindruckt. Ich verwende, mal wieder, eins der wichtigsten Utensilien auf dem Weg: Ohrstöpsel. Wirklich gut war mein Schlaf trotzdem nicht.

Am nächsten Morgen lasse ich mir dann mit dem Aufstehen ein bisschen mehr Zeit als üblich. Es muss ja keiner mitbekommen, dass ich die Schuhe im Zimmer stehen habe. Trotz dieser Verzögerung ist es sieben Uhr, als ich starte. Mit mir zusammen startet ein Mann aus Berlin, der mich in dem typischen Berliner Dialekt zutextet. Heute Morgen ist es so frisch, wie es vorhergesagt wurde. Das ist auch gut so, denn so stelle ich ziemlich schnell fest, dass ich meinen Hut in der Herberge vergessen habe. Also drehe ich nach etwa 100 Metern um, gehe zurück, nehme ihn und starte das zweite Mal. Dieses Mal ist es ruhig. Der Berliner ist dankenswerterweise weiter gegangen und so kann ich die morgendliche Ruhe genießen. Ein Plappermaul am Morgen ist nämlich so gar nichts für einen Morgenmuffel wie mich. Ich rede zwar auch gerne, aber morgens muss ich erst einmal wach werden.

Nach 400 Metern mache ich an der hiesigen Kirche einen kleinen Zwischenstopp. Nicht, weil die schön ist oder ich bereits körperlich fertig bin, sondern weil ich friere. Alles, was ich noch an Jacken habe, ziehe ich an. Die Kapuzen werden aufgezogen und obendrauf kommt dann mein Hut. Nach weiteren 100 Metern packe ich die Trekkingstöcke zusammen, befestige sie am Rucksack und kann die mittlerweile eiskalten Finger in die Taschen stecken. Ein klein wenig fluche ich schon darüber, dass ich von Logroño aus, alles was warm hält, nach Hause geschickt habe. Ein paar Handschuhe wären jetzt definitiv nett. Aber in den Taschen sind die Hände auch gut aufgehoben. Das einzig wirklich Eigenartige: Über 300

Kilometer bin ich mit Stöcken gelaufen. Da ist es schon ein seltsames Gefühl, auf einmal ohne diese zu laufen.

Durch die Meseta zu laufen ist richtig schön. Sanfte Hügel, immer mal wieder kleine Wiesen oder Waldstücke, die die Landschaft ein wenig auflockern und viele, zum Teil winzige Dörfer. Das Lustige ist, dass man, von den Hügeln einmal abgesehen, durch eine Tiefebene geht. „Tief" weil man immer, wenn eine Ortschaft kommt, auf einen Berg hochläuft, und anschließend wieder runter. Seltsamerweise läuft man aber auch auf einer Hochebene. Das sind dann die Momente, in denen man sich fragt, wo das nächste Dorf bleibt, und plötzlich steht man davor. Man muss dann nur noch runter in das Dorf laufen und anschließend halt wieder hoch. Für diejenigen, die, wie ich, kein Spanisch können, sei erwähnt, dass „Meseta", also der Name des Landstrichs, spanisch ist und „Plateau" heißt. Wahlweise auch Hochebene oder Tafelland.

Zwischendurch schnappe ich auf, dass der Ort Hontanas komplett ausgebucht sei. Als ich dort um die Mittagszeit ankomme, stelle ich fest, dass das wohl eher Ängste als Tatsachen waren und es noch genügend freie Betten gibt. Im Zweifel wäre mir das auch egal gewesen, denn es ist erst Mittag, ich bin gut gelaunt und mir geht es super. Also begebe ich mich nach einem kleinen Snack wieder auf den Weg.

Auf dem Weg nach Castrojeritz kommt man an der Klosterruine San Antón vorbei. Das heißt, eigentlich läuft man durch die Ruine hindurch. Die Straße wird von zwei Spitzbögen überspannt, die früher auch ein Dach hatten. Linksseitig befindet sich zwischen diesen beiden Bögen ein Portal das augenscheinlich mehrfach verkleinert und letztendlich zugemauert wurde. Auf der rechten Seite befinden sich zwei kleine Nischen, über die vor vielen Jahren die Pilger mit Essen versorgt wurden. Heute ist dort eine Herberge untergebracht, die aber leider geschlossen hatte als ich vorbei kam.

Bis Castrojeritz sind es noch etwa 3,5 Kilometer. Der Weg führt weiter an der Straße entlang. Also trällere ich lustig munter „Ich will ´nen Cowboy als Mann" vor mir her und laufe auf den Berg zu. Ja, wieder einmal ist es ein Berg. Dieses Mal ist das Dorf aber nicht auf dem Berg errichtet, dort thront eine Burgruine, diesmal ist es an den Berghang gebaut. Man kommt von Westen her rein, läuft auf halber Hanghöhe um den Berg herum und geht auf der Ostseite wieder raus.

Ich allerdings nicht. Nach zwei Dritteln der Strecke ist für mich heute Schluss. Die Herberge hat einen Schlafsaal mit 34 Schlafmöglichkeiten, also lege ich beim Bett beziehen schon mal die Ohrenstöpsel bereit, damit ich sie am Abend nicht suchen muss. Eine Waschmaschine oder einen Trockner gibt es hier nicht, dafür aber eine elektrische Schleuder. Die ist auch was wert.

Am lustigsten war bisher der „Handkurbel-Auswringer"
in der Herberge in Los Arcos. Das waren zwei Walzen
und die Kleidung wurde zwischen ihnen hindurch gekur-
belt.

Beim Abendessen sitze ich mit einem Südafrikaner
namens Matthew an einem Tisch. Er ist siebzig Jahre alt
und erfüllt sich seinen Traum vom Jakobsweg. Sein Verhalten ist sehr vornehm und so findet während des
Essens ein sehr angenehmer Gedankenaustausch statt
und es freut mich ungemein, dass ich diesen Mann
kennenlernen durfte. Später im Schlafsaal erfüllen sich
meine Erwartungen des Nachmittags. Ein, zwei Leute
fangen an zu schnarchen, einige andere schnalzen mit
ihren Zungen oder husten. Ich stecke mir die Stöpsel in
die Ohren und schlafe friedlich ein.

Die Partymeile und der Wildpinkler

Es ist immer wieder das gleiche Prozedere. Ansage der Herberge war, dass um 7.30 Uhr das Licht angeht. Man ist ja zum Pilgern hier und nicht, um auszuschlafen. So eine Aussage kann man sich jedoch sparen, wenn die ersten bereits um 5.30 Uhr anfangen ihre Sachen zu packen und um Viertel vor sieben kaum noch einer im Bett liegt. Den Bock abschießen, das tun heute allerdings ein paar Fahrrad-Italiener. Üblicherweise haben die Frühaufsteher eine Stirnlampe und sind intelligent genug, den Großteil ihrer Tasche schon am Vorabend zu packen, um morgens möglichst wenig Lärm zu machen. Die Italiener haben entweder keine Stirnlampen oder sie haben schlichtweg keine Lust diese zu verwenden. Dafür machen sie um zehn vor sieben das Licht an und fangen sogleich an zu reden und zu lachen. Es liegen zwar noch einige Leute in den Betten, aber dieser Umstand scheint sie in keiner Weise zu interessieren.

Dafür bekommt man hier gegen eine kleine Spende ein waschechtes spanisches Frühstück. Nämlich Kaffee und Kekse. Kaffee in Spanien ist echt gut und losgeht es. Trotz der italienischen Anti-Schlaf-Mafia bin ich voller Elan. Als ich vor die Türe trete, berührt die Sonne schon die ersten Hausdächer, der Himmel ist strahlend blau und wer Auto fahren will, der muss kratzen. Ja, auch in Spanien kann es passieren, dass man Anfang Mai Frost bekommt. Da ich aber heute die Energie gebucht habe, kann mich nichts aufhalten. Wenn es kalt ist, läuft man halt ein bisschen schneller, dann wird einem automatisch warm.

Raus aus dem Ort und ab auf die Piste ist das Motto. Am Ortsausgang angelangt, kann man durch das gesamte Tal sehen und am Horizont erhebt sich eine Abbruchkante, die es zu erklimmen gilt. Man sieht vom Ortsende aus sogar den Weg, der hinauf führt. Noch vor ein paar Tagen hätte ich bei dem Anblick aufgestöhnt und geflucht. Aber mittlerweile habe ich mit Bergen wenig Probleme und außerdem bin ich ja heute voller Energie. Je näher ich dem Berg komme, desto größer wird er und dann stehe ich vor diesem Monster. Zwölf Prozent Steigung, bei einem 1050 Meter langen Weg. Es ist mit minus zwei Grad im Schatten immer noch frostig, aber der Weg bietet dank der Heidelandschaft keinen Schatten, was ausnahmsweise mal ein Vorteil ist. Bei der Hälfte der Steigung ziehe ich erst einmal bis auf die Fleece-Jacke alles Warme aus und verstaue es in meinem Rucksack. Die Jacke mache ich nur auf, denn so warm wie mir ist, so kalt ist die Luft. Andere Pilger legen ebenfalls ihre Jacken in die Rucksäcke und die meisten laufen nun im T-Shirt weiter. Nach zwanzig Minuten bin ich oben angekommen und bin froh, dass ich die Fleece-Jacke noch anhabe. Die anderen Pilger holen schnell wieder ihre Jacken aus den Rucksäcken, denn hier oben pfeift der kalte Wind.

Die gebuchte Energie bin ich los. Definitiv. Aber es hat sich gelohnt, denn die Aussicht von hier oben ist einfach atemberaubend. Mit der Sonne im Gesicht schaue ich über das ganze Tal. Am Horizont sieht man die Hochebenen und mitten im Tal liegt der Tafelberg mit dem Ort Castrojeritz, der sich an ihn anschmiegt. Das lädt zu einer kleinen Pause ein. Und so stehen etwa zwanzig bis dreißig Pilger an der Abbruchkante des kleinen Rastplatzes und genießen die Aussicht. Im Norden kann man sogar die Picos de Europa sehen, einen Gebirgszug, hinter dem der Camino del Norte, also der Küstenweg verläuft.

Nachdem ich die Aussicht zu Genüge genossen habe, gehe ich weiter. Ungefähr 500 Meter weiter, um genau zu sein. Denn dort stehe ich am Ende der Hochebene, die ich eben so mühevoll erklommen hatte. So wie ich dastehe, könnte man meinen, ich genieße schon wieder die Aussicht. Die ist auch herrlich, keine Frage. Tatsächlich stehe ich hier aber einfach nur herum und bin vollkommen fassungslos. Die erklommene Hochebene ist tatsächlich nur 500 Meter breit und hier, wo ich jetzt stehe, geht es, mit einem 18-prozentigem Gefälle auf eine Länge von 350 Metern, gerade wieder runter. 18

Prozent hören sich nicht viel an. Wenn man jedoch davor steht, egal ob es sich um eine Steigung oder ein Gefälle handelt, ist es auf einmal gar nicht mehr so wenig.

Aber das Jammern bringt mich nicht weiter und so mache ich das, was alle machen und setze einen Fuß vor den anderen. Das allerdings die folgenden 350 Meter mit sehr geringen Abständen zwischen den Schritten. Leider hilft auch das nicht wirklich. Am Ende der Strecke schmerzen beide Knie. Nach einer kleinen Pause gehe ich ganz gemächlich weiter. Ich möchte den Knien noch ein bisschen Ruhe gönnen und genieße umso mehr die Landschaft.

Das am Wegesrand liegende, ehemalige Pilgerhospital kann ich mir leider nur kurz anschauen, da ich dringend eine Toilette brauche und hier keine ist. Die große Rosmarinhecke finde ich zwar faszinierend, wenn sich jedoch der Verdauungstrakt meldet, dann verlieren sehr viele schöne Dinge plötzlich ihren Reiz. Auch die circa 100 Meter lange Steinbrücke über den Fluss im Naturbett mit glasklarem Wasser ist eigentlich wunderschön anzusehen, aber -klick- Foto und weiter geht es im Schnellgang. Der nächste Ort ist noch etwa eineinhalb Kilometer entfernt. Diese Strecke lege ich im Eiltempo zurück. Direkt am Ortseingang gibt es eine Bar. Innerlich jubilierend stelle ich meinen Rucksack an einem Holzpfosten des Vordachs ab und verschwinde auf der

Toilette. Dort stelle ich fest, dass das Toilettenpapier fehlt, und so muss ich die Pobacken mit einer letzten Kraftanstrengung noch einmal zusammenhalten, um wieder zu meinem Rucksack zu laufen. Mit dem Wirt zu reden würde mir zwar wahrscheinlich auch zu einer Rolle Klopapier verhelfen, dauert aber vermutlich zu lange. Also Rucksack, oberes Deckelfach, da ist nämlich meine Rolle Toilettenpapier, und ab zur Toilette. Danach gönne ich mir ein zweites Frühstück. Platz habe ich ja jetzt wieder.

Ganz entspannt geht es durch die hiesigen Getreide-felder immer der Nase nach. Weder rechts noch nach links, sondern nur den Weg entlang und so schweift der Blick gerne mal ein wenig ab. Sowohl vor als auch hinter mir sieht man Pilger. Wie ich setzen sie einfach nur einen Fuß vor den anderen, nur dass ich von meinem Gehirn mit „Rote Lippen soll man Küssen" unterhalten werde. Der Canal de Castilla lässt schließlich so etwas wie Vor-freude aufkommen, da an diesem Kanal das kleine Städt-chen Fromista liegt, in dem ich heute übernachten möchte. Auf dem Treidelweg entlang der Wasserstraße geht es bis zur Schleuse von Fromista.

Die Schleuse ist nicht mehr in Betrieb und bis auf das obere Schleusentor fehlen die Tore der vier Kammern, sodass das Wasser durch einen Seiteneinlass in die erste und schließlich in drei Stufen durch die weiteren Kam-mern hindurch in den unteren Teil des Kanals fließt.

Erbaut wurde der Kanal, um das Getreide und andere Güter möglichst schnell transportieren zu können. Etwa zehn Jahre nach dessen Fertigstellung wurde jedoch auch eine Eisenbahnlinie fertig, die dem Kanal die wirtschaftliche Bedeutung entzog. Damit blieb nur noch die Nutzung als Bewässerungskanal, das aber bis heute.

Direkt an der Plaza San Martin befindet sich die öffentliche Herberge von Fromista. Und direkt daneben ein Hotel, kurz entschlossen gehe ich hinein. Nach 15 Tagen bin ich der Meinung mir dies verdient zu haben. Ich bekomme dort ein Doppelzimmer ganz für mich alleine. Den Rucksack packe ich erst einmal komplett aus, reinige ihn und lege alles offen hin, damit es mal auslüften kann. Dann werfe ich mich auf das Bett und genieße die Privatsphäre. Das Beste an dem Zimmer ist allerdings die Badewanne. Diese fülle ich auch sofort mit warmem Wasser und lasse mich hineingleiten. Es ist unbeschreiblich schön. So unglaublich, dass ich ganze 45 Minuten darin liegen bleibe. Nach dem Abtrocknen lege ich mich wieder auf das Bett, strecke alle viere von mir und genieße den Platz und diese unglaubliche Ruhe, die in diesem Zimmer herrscht, da sich hier kein anderer Pilger aufhält. So sauber wie jetzt habe ich mich seit zwei Wochen nicht mehr gefühlt.

Nachdem ich die Ruhe ausgiebig genossen habe, wasche ich schnell meine Kleidung und verlasse das Hotel. Auf dem Platz steht die Templerkirche San

Martin. Ich habe auf dem Weg mittlerweile schon einige Kirchen besichtigt. In der Regel waren diese ziemlich verschwenderisch bestückt und verziert. Je mehr Gold, desto besser könnte man glauben. Diese hier ist, wie schon die Kirche Santa Maria de Eunate bei Obanos, sehr schlicht ausgestattet. Sie gilt als Meisterstück der frühen Romanik und so nehme ich mir die Zeit, sie von innen und von außen ausgiebig zu besichtigen. Zum Schluss setze ich mich auf eine Bank vor der Kirche und schreibe meine Notizen des Tages auf, bis sich zwei Pilgerinnen dazu gesellen und wir ein wenig plappern, bis es schließlich Zeit für das Abendessen ist.

Faszinierend finde ich das Aufstehen und die ersten Schritte. Normalerweise gestaltet sich das Loslaufen am Abend, nachdem man eine Weile gesessen hat, recht ungelenk. Der Körper ist strikt gegen diese Bewegungen, wenn er ein wenig Ruhe hatte. Aber nichts dergleichen passiert. Heute ist mein Körper entspannt und erholt. Beinahe so, als hätte es die letzten beiden Wochen nicht gegeben. Was so eine Badewanne doch bewirken kann.

Zum Abendessen gehe ich in das hoteleigene Restaurant. Außer das an der Wand das Relief eines abgekämpften Pilgers an einem Kilometerstein hängt, hat das Restaurant wenig mit dem Jakobsweg zu tun. Jeder sitzt an seinem Tisch und da ich alleine unterwegs bin, sitze ich auch hier alleine. Üblicherweise setzt man sich an den Tischen in einem Restaurant am Jakobsweg einfach zusammen und redet miteinander, aber das ist hier ein Hotel und die anderen Gäste sehen nicht unbedingt aus, als wären sie heute einige Kilometer gelaufen.

In der einen Ecke des Restaurants steht ein gemauerter Holzofen, wie man ihn aus Pizzerien kennt. Allerdings wird meine Hoffnung, hier eine gute Holzofen-Pizza zu bekommen, von dem am Ofen befestigten Thermometer zunichtegemacht, da dieses eindeutig nur Raumtemperatur anzeigt. Der Blick in die Speisekarte lässt mir trotz dieser unumgänglichen Tatsache, das Wasser im Mund zusammen laufen. Wenn ich schon im Hotel schlafe, esse ich auch á la carte. Für ein Pilgermenü bezahlt man meistens zwischen acht und zwölf Euro. Heute kostet es halt mal 25 Euro, was sich aber durchaus in der Qualität des gereichten Menüs bemerkbar macht. Nach dem Essen möchte ich noch mit meiner Frau telefonieren. Übernachtet man in einer Herberge, so sucht man sich zum Telefonieren in der Regel eine ruhige Ecke oder geht auf die Straße. Hier gehe ich in mein Zimmer, lasse mich auf das Bett fallen und telefoniere ganz gemütlich mit ihr. Was gibt es Schöneres?

Die Nacht in dem Hotelbett war herrlich. Ich habe das auch richtig ausgekostet, da mein Wecker auf den falschen Tag eingestellt war und mich somit nicht geweckt hat. Nach einem reichhaltigen Frühstücksbuffet geht es erst um 8.15 Uhr auf die Piste. Dabei gilt es heute ein besonderes Schmankerl des Jakobsweges zu erleben: die Pilgerautobahn. Viele Straßen sind da entstanden, wo einst die Pilger entlang pilgerten. Je mehr dort gingen, umso zahlreicher wurde auch der sonstige Verkehr auf diesen Strecken. Aus den Ochsenkarren und Pferdekutschen von früher, wurden mit den Jahren Lkws und Pkws. Durch diesen Wandel befestigte man die Wege nach und nach, bis es irgendwann asphaltierte Straßen waren, über die die Kraftfahrzeuge mit hoher Geschwindigkeit fuhren. Die Anzahl der Pilger nahm im Laufe der Zeit immer weiter ab, sodass der Wandel der Straßen kein Problem darstellte. Etwa ab den 1990ern wurde das Pilgern jedoch neu entdeckt und bekam, zumindest was den deutschsprachigen Raum anging, 2007 einen enormen Schub, da ein doch recht bekannter deutscher Komiker seinen Reisebericht über den Jakobsweg heraus brachte. Im Jahr 2018 war ich einer von fast 330.000 Pilgern, die in Santiago ankamen. Je mehr Pilger nun wieder die Wege benutzten, desto höher stieg auch die Zahl der Unfälle.

Die Strecke zwischen Fromista und Carrión de los Condos war davon wohl extrem betroffen. So wurde neben der Straße ein Fußweg angelegt. Dieser ist, wie die Straße auf diesem Abschnitt schnurgerade. Dort, wo Feldwege den Pilgerweg kreuzen, stehen Steinpoller mit der Jakobsmuschel drauf. Diese lange und gerade Strecke direkt neben der Straße ist aber nicht die einzige Herausforderung auf diesem Abschnitt. Außer in den vier kleinen Ortschaften, die diesem Abschnitt säumen, hat man hier nicht viel Schatten zu erwarten. Wer das nicht möchte, kann hinter Población de Campos auf die parallel verlaufende Ausweichstrecke wechseln. Anfangs noch über Felder, verläuft die Strecke später an einem Bach entlang. Ich will es aber wissen und wähle die Pilgerautobahn. Dadurch komme ich an einer Herberge und Bar vorbei, in der man sein Essen bei schönem Wetter im Garten zu sich nimmt. Dabei kann es passieren, dass der Hund, die Gänse oder die Esel vorbeischauen, um einen zu begrüßen.

Mein heutiges Etappenziel, Carrión de los Condos, erreiche ich um kurz nach zwölf Uhr. Die Stadt ist mir aber von Anfang an unsympathisch. Zunächst besuche ich die kleine Kirche „Iglesia de Santiago". Ich hoffe, dass sie offen ist und ich dort einen Stempel bekomme. Das funktioniert soweit, allerdings ist es keine Kirche mehr, sondern ein Museum. Mehr der Höflichkeit halber schaue ich mir das Museum an. Innerlich bin ich enttäuscht, da ich mir, bei dem Namen der Kirche, auch eine erhofft hatte und nicht einen Raum, in dem ein paar kirchliche Gegenstände ausgestellt werden.

Anschließend suche ich eine kleine Bar auf, bestelle mir eine Pizza und überlege, was ich nun mache. Es ist erst Mittag, aber die nächste Herberge wäre etwa 17 Kilometer entfernt und knappe 19 bin ich heute schon gelaufen. Die Pizza, die ich bekomme, ist essbar, allerdings kann man bei einer Tiefkühlpizza auch nicht viel falsch machen. Kurzerhand beschließe ich, dass ich hier nicht bleiben werde. Nach dem Mittagsmahl suche ich noch einen Supermarkt auf, packe Wasser und ein paar Muffins als Wegzehrung ein und verlasse die Stadt über eine sehr schöne Brücke. Immer wieder fällt mir auf, dass die Bäche und kleinen Flüsse hier sehr viel Platz bekommen. Ein Flussbett ist hier so breit, dass es bei Hochwasser keine Probleme geben dürfte, selbst dort wo Brücken über den Fluss gebaut wurden. Diese werden halt entsprechend lang gebaut, anstatt den Fluss einzuengen.

Weiter geht es über eine kleine Nebenstraße an einem zum Hotel umgebauten Kloster vorbei. Ab hier wird es einsam. Für die nächsten 16 Kilometer kommt nun keine Ortschaft mehr; die Nebenstraße, der man folgt, knickt nach fünf Kilometern rechts ab, während man selbst dann einem fein geschotterten Feldweg folgt. Diese Strecke, die fast ausschließlich geradeaus verläuft und zwischendurch keinerlei Versorgungsmöglichkeiten bietet, wird als mental anstrengendste Etappe des gesamten Weges bezeichnet. Hier wird man nicht gefordert. Keine Abzweigung, auf die man achten müsste, keine holprige Weggestaltung und nicht einmal die Umgebung, in Form von einfachen flachen Feldern, kann einem hier Ablenkung bieten. Auf diesem Stück Weg gibt es nur den Weg und den Pilger. Ich stelle mir einen Alarm auf eine

Stunde, damit ich nicht vergesse, etwas zu essen beziehungsweise zu trinken, und los geht es. Vor einigen Jahren lief man hier bei entsprechenden Wetterlagen noch ohne Aussicht auf Schatten durch die Sonne. Mittlerweile wurden hier jedoch Bäume gepflanzt, die einem Pilger dieses Leid ersparen. Flüssigkeitsaufnahme ist trotzdem wichtig und da ich vorhabe, den Kopf abzuschalten, kann es schon einmal interessant sein, wenn ab und zu mal in die Realität zurückgeholt wird.

Abschalten ist natürlich eher relativ, denn bei dem Versuch meldet sich die Jukebox mit „Pure Lust am Leben" wieder und so komme ich nach dreieinhalb Stunden Dauerschleife, die durch drei kleine Pausen unterbrochen wurden, in Calzadilla de la Cueza an. Meine Frau hat, während ich unterwegs war, schon nach einer Herberge Ausschau gehalten und so geht es in die linke der zwei Herbergen am Ortseingang. Nach dem Duschen gehe ich zum nächsten Restaurant und treffe dort die Lettin und die Estin, die mir an dem einen Morgen gedroht hatten mich zu bekommen, falls es regnen sollte. Es hatte zwar geregnet, jedoch waren die beiden außerhalb des Streifens, in dem es regnete und so erklären sie großzügig, dass ich am Leben bleiben darf.

Da wir für das Abendessen ein wenig zu früh sind, nimmt jeder ein Getränk und ich bekomme ein Kartenspiel namens Scopa beigebracht. Nach einigen spaßigen Runden wird es dann aber Zeit für das Essen. In dem

Essensraum gesellt sich ein weiterer Deutscher zu uns an den Tisch. Es dauert nicht lange, bis ich mir auf die Zunge beißen muss, um nicht laut loszulachen und die beiden Damen die Augen verdrehen. Es ist schon fast peinlich, wie intensiv dieser Kerl an den beiden Damen interessiert ist. Einen Vorteil hat sein Geflirte dann aber doch. Ich erfahre, dass die beiden 22 Jahre alt sind. Hätten die beiden mich gefragt, wie alt ich sie schätze, hätte ich doch noch eine Tracht Prügel einstecken müssen. Ich hatte sie nämlich auf etwa 30 Jahre geschätzt.

Der Schlafraum der Herberge ist beheizt, als handele es sich um ein Wohnzimmer im tiefsten Winter. Es dauert nicht lange, bis ein Pilger eines der Fenster öffnet. Der kühle Luftzug lässt mich dann auch recht schnell einschlafen. Der Morgen ist dieses Mal human. Niemand der extrem früh aufsteht und dabei Krach für zehn macht. Die Luft hat frische 15 Grad, was jedoch einen jungen Kerl nicht davon abhält den Pool der Herberge für ein morgendliches Bad zu nutzen. Das lässt mich bis zum Ortsende schmunzeln. Selbiges vergeht mir aber, als mir auffällt, dass ich schon wieder meinen Hut vergessen habe. Also muss ich schon wieder zurück, den Hut einsammeln und erneut durch das Dorf laufen.

So klein wie die Ortschaften hier manchmal sind, drei Dinge haben sie alle. Zunächst eine Kirche, natürlich eine römisch-katholische, schließlich gehören über 90

Prozent der Spanier diesem Glauben an. Die anderen beiden Dinge hängen mit den Pilgern zusammen, eine Unterkunft sowie eine Bar. Allerdings kann es auch vorkommen, dass es auch in einem sehr kleinen Ort mehr als eine Bar beziehungsweise eine Herberge gibt. Die Pilger allerdings, wissen in der Regel nicht, ob es eine zweite Bar in einem Ort gibt und kehren, so sie Hunger oder Durst haben, in die erste Bar ein. Das ist profitabel für diese erste Bar, die anderen Bars haben damit aber ein Problem. Aus diesem Grund steht kurz vor San Nicolás ein Werbeschild mit der Aufschrift »„I know that I know nothing … but the 2nd Bar is cool" Socrates«. Im Ort selbst wird man dann von Schildern „2nd Bar" geleitet. Auf diese humoristische Art werden vermutlich einige Pilger dazu verleitet, diese zweite Bar aufzusuchen, anstatt in die erste Bar einzukehren.

Bei mir wirkt es jedenfalls. In dieser Bar, eigentlich eher vor der Bar, treffe ich auf eine Niederländerin und eine Australierin. Letztere fragt mich tatsächlich spontan, ob ich aus den Niederlanden komme. Ich lächle, denn ich habe eine orangefarbene Softshell-Jacke an. Das war aber, wie ich dann erfahre, gar nicht das ausschlaggebende Merkmal. Die Australierin ist zu der Theorie gelangt, dass Leute mit schönen Schuhen aus den Niederlanden kommen. Das ist zwar eine seltsame Methode Pilger einer Nationalität zuzuordnen, aber sie hat festgestellt, dass nur Niederländer bunte Schuhe haben. Und so muss ich, da ich nicht die typisch braunen Schuhe habe, sondern blaue, die auch noch mit roten Schnürsenkeln geschnürt sind, aus den Niederlanden sein. Die Enttäuschung ist groß, als ich bekannt gebe, dass ich Deutscher bin. Als ich dann aber erwähne, dass meine Eltern in der Nähe der Niederlande aufgewachsen sind, erklärt die Australierin lachend, dass das dann wohl der Grund für die schönen Schuhe sei.

Bis Sahagún laufen wir gemeinsam. Die beiden sind zwar langsam, aber es macht Spaß mit ihnen zu quatschen. Nachdem wir die offizielle Mitte des Jakobsweges unspektakulär überschritten haben, die Stelle ist tatsächlich deutlich markiert, erwähne ich ein paar der Randgeschichten des Jakobsweges. Angefangen von der Roland-Legende bis hin zu der Legende von Santo Domingo muss ich jedoch alle Geschichten erzählen, da die beiden keine einzige davon kennen. In Sahagún trennen sich unsere Wege. Die beiden wollen hier übernachten und ich möchte unbedingt noch den nächsten Ort erreichen. Den Ortskern von Sahagún lasse ich dann auch einfach aus. Offiziell macht der Weg hier einen Schlenker, ich laufe aber einfach gerade aus und treffe so am Ortsausgang wieder auf den Weg. Leider bricht innerhalb von Minuten meine Leistungsfähigkeit ein. Ich werde müde, lustlos und bin auch mental ziemlich am Ende angelangt. Alles fängt auf einmal an zu nerven. Meine Jukebox lenkt mich dann mit „I have a dream" von Abba ab und so erreiche ich irgendwann vollkommen fertig die Herberge in Calzada del Coto.

Ich freue mich auf eine Dusche und ein wenig Entspannung. Das Problem ist nur, dass der Hospitalero mal kurz wegmusste und ich jetzt warten muss, was mich in meiner aktuellen Stimmung natürlich nervt. Um mich wenigstens schon einmal entspannen zu können, lege ich mich auf eine der Sitzbänke, schließe die Augen und schlafe prompt ein. Ich habe keine Ahnung, wie lange ich geschlafen habe, aber als ich aufwache, sitzt der Hospitalero an seinem Platz und bastelt an einem kleinen Model der Herberge. Nach dem Einchecken beziehe ich mein Bett und gehe anschließend duschen. Und ich muss sagen, wenn es läuft, dann läuft es. Die Dusche ist kalt. Nicht richtig eisig kalt, man kann es gerade noch aushalten, aber gemütlich duschen ist bei der Wassertemperatur nicht möglich. Wäsche muss ich auch unbedingt waschen, denn gestern Abend hatte ich aufgrund der vollkommen verdreckten Waschbecken im Wäscheraum darauf verzichtet.

Zur Bar sind es etwa 150 Meter. Laufen kann man das, was mich zur Bar bringt, nicht nennen. Selbst schlurfen wäre für diese Art der Fortbewegung ein geschöntes Wort. Vielleicht sollte ich die Etappen etwas kürzer halten. Gestern 36 Kilometer, heute 27 Kilometer, vielleicht ist das zu viel für mich.

So wie die Bar aussieht, hoffe ich inständig, dass es dort auch etwas zu essen gibt, aber wenigstens damit habe ich heute Glück. Das Essen ist sogar ausgesprochen gut. Eine große Portion Linsensuppe, blanchierte Eier mit Schinken und als Nachtisch einen Limonenjoghurt. Dazu wird ein Fläschchen Weißwein gereicht. Eine 0,75-Liter-Flasche ganz für mich allein. Und dann schmeckt der Wein auch noch. Auf dem Rückweg in die Herberge telefoniere ich mit meiner Frau und kann nebenbei eine friedliche Schafherde beim Grasen beobachten. Da hat sich der Tag doch noch zum Guten gewendet. Um kurz nach 21 Uhr lege ich mich vollkommen fertig ins Bett. Und das hat eine tiefe Kuhle.

Dank des Weines war mir die Kuhle im Bett egal. Erstaunlich ausgeruht wache ich gegen 6.30 Uhr auf, da der Hospitalero für sein Model der Herberge eine Wand benötigt, die er mit einer Dekupiersäge bearbeitet. Vermutlich durch diesen Krach, sah sich ein Pilger dazu genötigt, dass Licht einzuschalten, was an sich auch wieder egal ist, da an Schlaf sowieso nicht mehr zu denken ist. Also packe ich meine Sachen, bekomme ein kleines spanisches Frühstück und verlasse die Herberge. Am Ortsausgang werde ich von einer rot getigerten Katze regelrecht überfallen. Kaum das ich einen Schritt gemacht habe, schmust sie sich schnurrend an mein Bein, als ob sie ihr Lebtag noch nie gestreichelt worden wäre. Die Realität sieht wohl eher so aus, dass jeder

Pilger, der hier vorbei kommt, sie für ein paar Minuten streichelt. Und da sie auch sehr gepflegt aussieht, gehe ich mal davon aus, dass sie auch ein schickes zu Hause hat.

Bis zum nächsten Ort sind es acht Kilometer einfach die Straße entlang. So nutze ich die Gelegenheit, mit meiner Frau zu telefonieren, und kann einfach laufen, ohne mich großartig zu konzentrieren. Das hätte auch gut funktioniert, wenn ich denn auf der rechten Straßenseite gelaufen wäre. Da man als Deutscher auf einer Straße ohne Bürgersteig aber links läuft und ich im falschen Moment abgelenkt war, folge ich an einer Gabelung dem linken Weg. An diesem Abzweig ist zwar ein deutlicher gelber Pfeil und der Schriftzug „Santiago" auf die Straße gemalt, aber das sieht man nur, wenn man zumindest ein kleines bisschen auf den Weg achtet. Ich bemerke den Fehler erst nach etwa zwei Kilometern. Um nicht den gesamten Weg zurücklaufen zu müssen, kürze ich das letzte Stück ab, indem ich diagonal über ein Feld laufe.

Wieder auf dem richtigen Weg treffe ich auf die Australierin und die Niederländerin vom Vortag. Und so laufen wir erst zu dritt, später, mit einem weiteren Deutschen, zu viert. Um uns herum wechseln sich Felder, trockene Wiesen und Buschlandschaften ab. Irgendwann zieht die Australierin mit dem anderen Deutschen davon und ich laufe weiter mit der Niederländerin. In der ersten

Bar, da haben wir es wieder, treffen wir wieder aufeinander. Unser Plan, dort zu frühstücken, fällt beinahe ins Wasser, da die Küche noch zu hat und die Brote auch noch nicht geliefert wurden. Jedoch ist das Glück uns hold und der Lieferant kommt früher als gewöhnlich, sodass die Chefin uns ein Frühstück zaubern kann.

Meine drei Mitstreiter entwickeln Sitzfleisch und bestellen sich eine zweite Runde Kaffee. Ich möchte lieber weiterziehen. So fülle ich noch meinen Wasservorrat auf und verabschiede mich. Von hier aus geht es 18 Kilometer über eine alte Pilgerstraße nach Reliegos. Meine Jukebox legt mir heute das Lied „Halleluja" in der englischen Version auf und losgeht es. Da es viele Lieder mit diesem Titel gibt, sei erwähnt, dass es sich hier um das Lied von Gali Atari & milk and Honey handelt, mit dem diese im Jahr 1979 den „Grand Prix Eurovision de la Chanson", heute „Eurovision Song contest", gewannen.

Anfangs noch eine gemütliche, vor allem aber ebene Staubpiste, wandelt sich die Strecke irgendwann in eine Römerstraße. Der Belag besteht aus großen Kieselsteinen und so ist es beinahe schon eine Herausforderung, nicht umzuknicken. Dabei lenkt die Umgebung einen immer wieder von der Straße ab, da diese mit kleinen unbewirtschafteten Flächen zwischen den Feldern aufwartet. Mal handelt es sich um Wiesen, mal ein feuchter Graben und zwischendurch kommt man an einem flachen Teich vorbei. Das Spektrum der zu bewundernden Pflanzen ist entsprechend groß. Bei den Bäumen sieht das allerdings anders aus. Die meisten Bäume, die hier stehen, sind entweder Kiefern oder Pappeln. Alle in Reih und Glied gepflanzt stehen sie hier Spalier.

Kurz vor einem großen Bewässerungskanal, der Wasser aus dem nördlichen Gebirge ins Landesinnere bringt, befindet sich ein etwa 350 Meter langer Original-abschnitt des Jakobsweges. Rund herum wurde ein Geländer aufgebaut, damit er nicht beschädigt wird. Der neue Weg führt daran entlang. Die letzten Kilometer bis hierher waren dank der Römerstraße so anstrengend, dass ich den kleinen Rastplatz an dem Bewässerungs-kanal sehr gerne annehme.

Da die nächste nennenswerte Straße noch hinter dem etwa zwei Kilometer entfernten Reliegos entlang führt und auf den Feldern rund herum nicht gearbeitet wird, kann man hier sehr gut entspannen und die Gedanken treiben lassen. Zeit spielt mittlerweile eine untergeord-nete Rolle. Tatsächlich gibt die Uhr nur noch bekannt, wann die Herberge schließt und wann es Zeit wird, Sel-bige zu verlassen. Dazwischen ist die Uhr bedeutungslos geworden. Gegessen wird, wenn ich hungrig bin und eine Möglichkeit dazu habe und der Tag ist zu Ende, wenn ich müde bin.

Mittlerweile bin ich den 18. Tag unterwegs. Der Schrittzähler hat über 700.000 Schritte registriert und es sind 440 Kilometer bis hierher. Das heißt, ich habe pro Tag 39.682 Schritte gemacht, ein Schritt ist im Durchschnitt 62 Zentimeter lang, was pro Tag eine durchschnittliche Distanz von 24,47 Kilometern ergibt. Hatte ich eigentlich schon erwähnt, dass ich Statistiken mag?

Deprimiert stelle ich allerdings fest, dass ich eigentlich noch nichts erreicht habe. Sicher, das Laufen funktioniert. Natürlich merkt man die Füße, besonders heute, auf der Römerstraße. Aber von einer Befreiung von alltäglichen Lasten oder Ähnlichem, merke ich nichts. Und mein Vorsatz, das Rauchen aufzugeben, ziert sich auch. Darauf eine Zigarette und dann wieder los.

Aus dem „wieder los" wird allerdings nichts. Helmut kommt nämlich gerade an und ist völlig fertig und so bleibe ich dann doch noch einen Moment länger sitzen. Ein paar Minuten später kommt Alexander an. Er ist auch Deutscher und hat sich Helmuts Trüppchen angeschlossen. Da dieser keine Pause machen möchte, brechen wir alle zusammen auf. Alle drei sind wir froh darüber, dass die restliche Strecke nach Reliegos keine Römerstraße mehr ist. Geschottert und gut befestigt führt der Weg auf einer leichten Anhöhe schattenfrei bis in den Ort. Da sich das Wetter heute mal wieder von seiner besten Seite zeigen möchte, sehen wir am Himmel keine einzige Wolke. Dieser Umstand wiederum sorgt für 26 Grad im Schatten, der aber, wie erwähnt, nicht vorhanden ist. Auch wenn wir innerhalb einer halben Stunde Reliegos erreichen, gefühlt zieht sich die Strecke wie Kaugummi.

Der Ort ist mit seinen etwa 240 Einwohnern sehr klein und hat nicht viel zu bieten, aber er ist mit einer einzigartigen Sehenswürdigkeit, zumindest kulturell, ein Bonbon. Hier steht die Bar „La Torre", besser bekannt unter dem Namen „Bar Elvis".

Helmut und seine kleine Truppe wollen hier übernachten und da ich unbedingt diese Bar erleben möchte, schließe ich mich an. Und so gehen wir auf die Suche nach sechs Betten. Wir haben Glück, die zweite Herberge, die wir ansteuern, hat sogar ein Sechs-Bett-Zimmer frei. Kurz nach uns treffen auch die beiden Damen der Truppe ein. Begleitet werden sie von Horst.

Während ich meine Wäsche an dem typischen Waschbecken wasche, wollen die beiden Damen endlich mal wieder richtig saubere Klamotten und stopfen alles in die Waschmaschine. Dank eines kleinen Fauxpas der einen Dame, sitzt diese nun nur mit ihrem Regenponcho bekleidet bei uns im Hof der Herberge und wartet sehnsüchtig auf ihre Kleidung. Wir warten natürlich auch, da ja noch das gemeinsame Abendessen auf dem Programm steht und die Dame dieses partout nicht in ihrem Regenponcho zu sich nehmen möchte.

Während wir warten, schreibe ich mit meiner Frau und stelle fest, dass sie heute sehr mitgenommen ist. In der Hoffnung, dass es sie aufmuntert, gebe ich meinem 17-jährigen Sohn kurzerhand die Aufgabe, mit ihr ein oder zwei Runden ein Gesellschaftsspiel zu spielen, damit sie mal auf andere Gedanken kommt. Auf dem Weg zum Essen telefoniere ich mit ihr und stelle fest, dass das Spielen wohl nicht geholfen hat. Die entstehende Diskussion, dieses Mal geht es darum, dass ich hier in ihren Augen Urlaub mache, eskaliert schnell und irgendwann platzt mir der Kragen. Kurzentschlossen verabschiede ich mich von ihr, lege auf und schalte das Handy aus.

Derweil haben wir eine Bar gefunden, die Platz für uns alle hat, und jeder studiert die Speisekarte. Begeistert stelle ich fest, dass es hier eine große Auswahl an Paellas gibt. Die Karte hinterlässt aber auch den Eindruck, dass man diese fertig kaufen kann, wie bei uns Tiefkühl-Pizza, und so hoffe ich, dass diese nicht nur satt machen. Ich entscheide mich für eine Variante mit Nudeln anstatt Reis und stelle, sehr zu meiner Freude, fest, dass die Paella durchaus essbar ist.

Und dann ging es in die Bar Elvis. Eins sei vorweg erwähnt: Es wird in der Bar geraucht. Darauf sollte man sich einstellen.

Wer die direkte Route von Sahagún nach Reliegos gewählt hat, anstatt der landschaftlich schöneren, der läuft in Reliegos frontal auf das Gebäude zu. Verpassen ist fast unmöglich. Die Fassade erstrahlt in Himmelblau, die Fenster im ersten Obergeschoss sind verschlossen und mit je einem Auge bemalt. Mittig auf der Fassade befinden sich Nase und Mund, sodass sich ein Gesicht ergibt. Neben dem Gesicht befinden sich mehrere Schriftzüge. Angefangen mit den beiden Namen der Bar, über den Hinweis, dass auch englisch gesprochen wird, was allerdings für den Betrieb eher irrelevant erscheint, bis hin zu Durchhalteparolen, diversen Signaturen und sogar ein paar Bilder finden noch Platz an der Wand. Wer der Meinung ist, die Wand wäre voll, sollte die Bar betreten.

Die Bar präsentiert sich innen durch eine individuelle Gestaltung der Pilger aller Herren Länder, die hier Halt gemacht haben. Wer möchte, bekommt einen Filzschreiber und darf selbst etwas hinterlassen. An Ideen dazu hapert es auch bei uns nicht, dass Problem liegt eher in der Tatsache, dass man keinen Platz findet. Die Erscheinungsform der Fassade setzt sich im Inneren fort. Beinahe jeder Quadratzentimeter der Bar ist überdeckt mit Gedanken, Sprüchen, Parolen und Bildern die Pilger an die Wände und Decken sowie auf Tische und Stühle geschrieben haben. Manche Pilger haben auch Sachen von sich aufgehängt. Von diversen kleinen Fähnchen bis zum T-Shirt ist alles dabei.

Beschallt wird man hier nicht von einer Stereo-Anlage oder gar einer Band, sondern von einem Fernseher, auf dem, wie sollte es anders sein, der King des Rock´n Rolls zu sehen ist.

Der Besitzer der Bar ist es ebenfalls wert, hier einen Stop einzulegen. Etwa 1,65 m groß, schlank, Vollbart und Baskenmütze auf, tanzt er hinter der Bar. Unermüdlich tanzt er mit seinen über 50 Jahren und schenkt dabei Getränke aus. Nur wenn man hinter die Bar geht, um sich mit ihm fotografieren zu lassen, hält er mal kurz ruhig. Man braucht auch niemanden, mit dem man sich unterhält, diese Bar mitsamt ihrem Eigentümer ist schon genügend Unterhaltung. Angesteckt von seiner Lebensfreude ist die gesamte Bar in Partylaune und so wird gefeiert, bis die Herbergen schließen. Nur bei mir will heute keine Party-Laune aufkommen. Zu sehr lastet der Streit mit meiner Frau auf mir. So bin ich vermutlich derjenige, der am wenigsten getrunken hat, als wir Richtung Herberge gehen.

Als wir gegen 22 Uhr alle in den Betten liegen, beschwert sich Helmut, dass er eine Flasche Branntwein trinken „musste" und sich jetzt alles drehen würde. Mitleid bekommt er von uns jedoch nicht, eher die letzten Lacher des Abends. Als um sechs Uhr der Wecker klingelt, beschwert sich Helmut schon wieder. Aber nicht über den Wecker, sondern über Axel. Der hat angeblich die ganze Nacht geschnarcht.

Um sieben Uhr verlassen wir die Herberge. Auch wenn wir alle heute Abend in León und dort sogar in derselben Herberge übernachten wollen, trennen wir uns. So kann ich in Ruhe mit meiner Frau telefonieren. Vom gestrigen Streit und deren Verstimmtheit verabschieden wir uns und plappern fröhlich aufeinander ein. Die Strecke ist nicht sonderlich anspruchsvoll und so kann ich nebenbei sogar noch die schönen Blumen fotografieren, die hier, mal wieder in Mengen, wachsen. So komme ich telefonierend und fotografierend im nächsten Ort an. In der mal wieder ersten Bar, treffe ich die ganze Bande wieder. So beende ich das Telefonat und hole mir ein Frühstück.

Die Strecken hier sind eher langweilig, da sie entlang einer Nationalstraße führen. Erst hinter Villarente verlässt man diese und darf wieder in einer schöneren Landschaft laufen. In Arcahueja stoße ich wieder auf Helmut und die Truppe. Sie laufen zwar schneller als ich, machen aber auch mehr Pausen. So habe ich die Gelegenheit, Helmut seinen Hut wieder zu geben. Den hatte er kurz vor Villarente verloren. Dank diverser angesteckter Blumen hatte ich ihn erkannt und mitgenommen. Ihm war bisher gar nicht aufgefallen, dass er nicht mehr am Rucksack baumelte. Ich schließe mich der Pause dieses Mal nicht an.

Kurz vor León darf man noch einen kleinen Berg erklimmen, um einer Autobahnanschlussstelle aus dem Weg zu gehen. Belohnt wird man mit einem schönen Blick auf León und seine Kathedrale. Allerdings ist das alles noch etwa eine Wegstunde von dem Berg entfernt. Also trällere ich noch ein paarmal „Nessaja" von Peter Maffay vor mich her und finde, dank meiner App, auf Anhieb die Herberge des Benediktinerinnenklosters. Ich habe keine Ahnung, ob die anderen noch kommen und ob ich warten oder schon einchecken soll, entschließe mich dann zu Letzterem, da die Herberge schon recht voll zu sein scheint.

Etwa eine halbe Stunde nach mir kommen Helmut und Alex an. Die beiden waren zwar kurz nach mir gestartet und hatten den Berg vor León ausgelassen, um Zeit zu sparen, haben sich dann aber in León verlaufen und mussten lange suchen, bis sie die Herberge gefunden hatten. Nach und nach kommen auch die anderen der Truppe an und da wir vereinzelt ankamen, liegen wir auch verstreut. Reservieren darf man in dieser Herberge nämlich nicht.

Die Herberge selbst ist durch ihre Größe ein wenig gewöhnungsbedürftig. Von einem langen Flur gehen offen die Zimmer ab. In meinem Zimmer befinden sich 18 Doppelstockbetten, also insgesamt 36 Betten, wobei immer nach sechs Doppelstockbetten eine dünne Stellwand kommt. Ich liege in der letzten Nische des ersten Zimmers im oberen, mittleren Bett am Flur. Quasi das negative Sahnehäubchen. Die anderen liegen ein bis drei Räume weiter. Zwischen den Zimmern befinden sich die Sanitärräume mit Toiletten und Duschen.

Steckdosen sind hier Mangelware. Das wird aber durch die Verwendung von großen Steckerleisten ausgeglichen, in die von den Pilgern noch T-Stecker mit zwei Anschlüssen gesteckt werden, sodass am Abend zehn Geräte gleichzeitig über eine Steckdose geladen werden.

Nach dem Duschen wollen zwei von uns einkaufen gehen, ich möchte in die Kathedrale und die anderen wollen sich ausruhen. So ziehe ich alleine los.

Aus der Herberge raus nach rechts läuft man in die Richtung der Kathedrale. Durch mehrere kleine Gassen mit typisch spanischen Gebäuden nähert man sich der Altstadt. Kleine Geschäfte, Restaurants und eine Menge Kneipen säumen kurz vor der Kathedrale den Weg. Heute ist Samstag und León ist mit einer Partymeile ausgestattet, die entsprechend viele Menschen anzieht. So wundert es mich nicht wirklich, als mir sechs Damen in einem Superwoman-Shirt entgegenkommen, von denen eine neben dem dazugehörigen Cape, der Hose und den Stiefeln, den Haarschmuck einer Braut trägt. Es ist zwar erst halb vier, aber auch um diese Uhrzeit kann man feiern.

Von den Feiern der vergangenen Nacht ist nichts mehr zu sehen. Entweder benehmen sich die Spanier extrem gut oder die Aufräumkolonnen leisten hervorragende Arbeit. Weder Müll noch unangenehme Gerüche stören hier. An einigen kleineren Kirchen vorbei, auf denen sogar hier, mitten in der Stadt Störche nisten, betritt man von Süden kommend den weitläufigen Vorplatz der Kathedrale.

Die im Vergleich zu der Kathedrale in Burgos schon fast kleine, schlichte Kirche nimmt auf dem Platz natürlich die Hauptrolle ein. Besonders auffällig ist der Zaun rund um die Kathedrale, der diese beinahe wie ein schützenswertes Ausstellungsstück aussehen lässt. Spätestens wenn man die Kathedrale betritt, wird einem klar, dass auch dieser Sakralbau ein handwerkliches Meisterstück ist. Besonders erwähnenswert finde ich die Fenster. Sowohl die Anzahl wie die Größe ist genauso imponierend wie ihre Farbenpracht. Natürlich sind auch die Stein- und Holzarbeiten herrlich, genauso wie die Orgel sich als imposant erweist, aber das hier soll ja kein Buch über Kathedralen werden. Mir gefällt diese Kathedrale auf jeden Fall besser, als die in Burgos, da sie nicht so vollgestopft erscheint.

Rund um die Kathedrale herum befinden sich ebenfalls einige sehenswerte Gebäude. Sei es der Bischofssitz, die Regionalverwaltung oder auch nur das Krankenhaus. Die Stadt ist insgesamt einen Besuch wert.

Nach der Besichtigung gehe ich zurück in die Herberge, um die anderen zu treffen, finde diese aber nicht. Ich laufe daraufhin kreuz und quer durch die Altstadt, aber bei den Unmengen an Einkehrmöglichkeiten ist es unmöglich, jemanden zu finden. Während der Suche stoße ich auf ein „Irish Pub". Da ich Whisky mag, kehre ich ein und frage den Barkeeper nach einem bestimmten Whisky. Der junge Mann hinter dem Tresen schaut mich an und fragt mich dann tatsächlich, ob das ein Wodka sei. Mir fällt beinahe die berühmte Kinnlade auf den Boden und ich verlasse diesen Pub.

Entschädigt werde ich von einer Federball spielenden Steffi Graf. Zumindest steht dieser Name auf dem T-Shirt, welches einer der Männer von einem Junggesellenabschied trägt. Sie haben mitten auf der Straße ein Netz aufgebaut und spielen in weißen Shirts und rosafarbenen Miniröcken Federball.

Da ich die anderen nicht finde, gehe ich einfach in das Restaurant gegenüber der Herberge. Dort gibt es zwar kein Pilgermenü und es ist dementsprechend ein wenig teurer, aber es ist auch, wie schon in Fromista, sehr lecker. Ich sehe es einfach als Belohnung für die ganzen Extra-Kilometer, die ich auf der Suche nach den anderen zurückgelegt habe.

Beim Verlassen des Restaurants renne ich fast in die Prozession, die gerade von der Herberge zur Benediktinerinnenkirche zieht. Die dort singenden Nonnen sollen richtig gut sein und so schließe ich mich ihnen an. Im Vorraum der Kirche bekommen wir ein wenig Geschichtsunterricht und betreten danach die Kirche. Das Singen stellt sich etwas anders dar, als ich es aus dem Internet kenne. Dieses Mal singen nur zwei

Nonnen und die restlichen Stimmen kommen von den Pilgern, von mir kommen etwa fünf Stimmen. Nach dem Pilgersegen endet der kleine Gottesdienst und wir verlassen die Kirche. Bevor ich die Herberge aufsuche, telefoniere ich noch mit meiner Frau. Kaum im Bett angekommen schlafe ich ein. Da stört mich auch der immense Geräuschpegel in dieser Herberge nicht.

Mitten in der Nacht wache ich auf und sehe, wie ein Mann sich vor eins der belegten Betten stellt und hinein pinkelt. Ich brülle ihn auf Deutsch an, das er das lassen soll, woraufhin er mich ansieht, als wisse er nicht, was ich von ihm will. Ich sage ihm, wo die Toiletten sind, was er aber wieder mit demselben Blick wie vorher quittiert. Vermutlich kann er kein Deutsch. Er klettert dann in das Bett, das sich über der Pinkel-Attacke befindet und legt sich hinein. Ich drehe mich vollkommen verärgert über dieses Verhalten um und schlafe wieder ein.

Der höchste Punkt

Mein erster Gedanke beim Aufwachen gilt dem Pinkler von letzter Nacht. Ich schaue nach links und sehe, wie der Angepinkelte seinen Rucksack packt. Er stopft gerade seinen Schlafsack hinein, der eigentlich vollkommen durchnässt sein müsste. Aber so, wie er ihn gerade anfasst, würde er ihn nicht anfassen, wenn er voller Urin wäre. In mir wächst der Gedanke, dass ich die Urin-Attacke wohl nur geträumt habe und sie gar nicht stattgefunden hat. In dem Moment kommt der vermeintliche Pinkler aus dem Bad und schaut mich ein wenig seltsam an. Ich befürchte, dass der Part, in dem ich gemeckert habe, nicht geträumt war.

Gegen sieben Uhr verlasse ich die Herberge. Vereinzelt laufen Jugendliche durch die Straßen, die vermutlich noch von der Nacht übrig geblieben sind. Die Reste der Partymeilengänger weichen aber letztendlich genauso schnell wie die letzten Gebäude des alten Teils von León. Das Schluss-Highlight ist die Kirche San Marcos, die ich aber nicht besichtigen kann, da es ja noch viel zu früh ist. Über die gleichnamige Brücke führt der Weg in die baulich eher gewöhnungsbedürftigen Vorstädte Leóns. Je länger man läuft, desto niedriger werden die einen umgebenden Gebäude bis man nach etwa einer Stunde am Rand eines Gewerbegebietes entlang laufen darf. So hat man wenigstens auf der einen Seite einen Blick, der weiter als bis zur nächsten Hauswand reicht. Allerdings lässt die nächste Hauptstraße nicht lange auf sich warten und so bin ich froh, dass ich nach etwa acht Kilometern, hinter Virgen del Camino die Hauptstraße endgültig verlassen darf. Theoretisch führt der Jakobsweg zwar weiter an der N 120 entlang, aber diverse Hinweisschilder weisen schon frühzeitig und deutlich auf die landschaftlich schöne Alternative hin.

Der Weg führt ab hier über kleine Nebenstraßen und gut ausgebaute Schotterpisten durch eine Mischung aus Heidelandschaft und Grassteppe. Kilometerweit nichts als Natur. Gerade solche Magerwiesen beherbergen oftmals die größten Schönheiten. Man muss nur hinsehen. Hier herrscht endlich eine Lautstärke, die es mir erlaubt, mit meiner Frau zu telefonieren. An der Hauptstraße wäre der Lärmpegel einfach zu störend gewesen. Hier auf diesem Abschnitt kommt mir auch das zweite Mal eine Pilgerin entgegen. Sie ist in Deutschland gestartet und läuft die komplette Strecke hin und zurück. Allerdings nicht an einem Stück, sondern in Etappen, also so wie es der Urlaub zulässt. Etwa zwanzig Minuten reden wir, bevor jeder in seine Richtung weiter geht. Dafür treffe ich mal wieder auf Horst. Er läuft extra ein wenig langsamer, damit ich ihn einholen kann. Nach einer

Begrüßung beginnt dann ein recht merkwürdiges Gespräch. Er blickt während des Laufens schmerzlich in die Ferne und erzählt, dass er zwei Kinder hat, die Ehe mit seiner Frau jedoch schon geschieden sei. Zudem wären er, seine Ex-Frau sowie sein 16-jähriger Sohn in psychiatrischer Behandlung und er sehe den Jakobsweg als Möglichkeit, über alles nachzudenken. Und wenn er in Santiago ankommt, aber mehr Zeit zum Nachdenken benötige, würde er noch den portugiesischen Jakobsweg laufen.

An dieser Stelle sei erwähnt, dass es auf dem Jakobsweg vollkommen normal ist, mit an sich vollkommen fremden Menschen über emotionale Dinge zu sprechen. Dabei redet wirklich jeder mit jedem, das Alter oder Geschlecht, religiöse Ansichten, Herkunft oder Hautfarbe sind dabei uninteressant. Anfangs ist man noch ein wenig schüchtern, aber das legt sich mit der Zeit.

So lausche ich aufmerksam und schenke jedem Wort die nötige Aufmerksamkeit. Ich halte es für eine Ehre sondergleichen, wenn ein Mensch sich einem öffnet und über seine Probleme redet. Ob auf dem Jakobsweg oder nicht. Allerdings sind hier nur die Passagen erwähnt, die für weitere Geschehnisse relevant sind. Jetzt schlägt das Gespräch nämlich eine unerwartete Richtung ein. Horst hat das Telefonat, das ich mit meiner Frau in Reliegos geführt hatte und in dem wir uns gestritten hatten, mitbekommen, und erklärt mir nun, dass er das ja auch erlebt habe, als es mit seiner Frau auseinanderging. Er rät mir daher dringend dazu, zusammen mit meiner Frau einen Psychologen aufzusuchen, bevor am Schluss, wie bei ihm, auch die Kinder darunter leiden müssten und alle bei einem Psychiater säßen. Er wolle auch gar keine Antwort oder irgendwelche Gründe hören. Das habe er auch damals alles erlebt. Eine Antwort bekommt er trotzdem von mir. Ich schlage ihm vor, er solle mal über die Worte „wer den Regen nicht kennt, weiß die Sonne nicht zu schätzen" nachdenken.

Im nächsten Ort suchen wir die Bar auf. Er möchte auf die Toilette und ich brauche Zigaretten. Dort angekommen, stelle ich fest, dass es keinen Zigarettenautomaten gibt, und ich sage Horst, dass ich draußen warte. Als er aus der Bar kommt, hat er etwas zu essen und zu trinken in der Hand und setzt sich, ohne mich zu beachten an einen Tisch mit anderen Pilgern. Nicht einmal eines Blickes werde ich gewürdigt. Ich gehe daraufhin zu ihm und verabschiede mich höflich. Auf meinen Hinweis, dass ich weiter gehe, reagiert er, auch wieder ohne Blickkontakt, nur mit einem knappen „Ja". Und so trennen sich unsere Wege an dieser Stelle.

Ich wende mich ab und hoffe darauf, im nächsten Ort Zigaretten kaufen zu können. Das bedeutet aber nicht, dass ich das eben Erlebte so einfach hinter mir lasse. Das Gegenteil ist der Fall. Ich rege mich wahnsinnig darüber auf, wie er es wagen kann, nach ein paar aufgeschnappten Gesprächsfetzen eine derartige Meinung zu äußern. Wenn er das Ganze wenigstens vorher hinterfragt hätte. Und mich dann quasi einfach stehen zu lassen und zu ignorieren. Nichts von wegen „ich möchte alleine weiter gehen" oder Ähnliches. Allein für Letzteres würde ich ihm am liebsten den Kopf abreißen. Das Schöne an meinem Ärger ist, dass ich die Strecke bis zur nächsten Ortschaft in gefühlter Rekordzeit zurücklege.

Dort ist an einer Kreuzung einer dieser superkleinen, dafür aber vollgestopften Läden, in denen man alles bekommt, was man für das Leben so braucht. Als Pilger ist das vor allem etwas zu essen. Neben Zigaretten kaufe ich noch alles, was ich für ein Bocadillo brauche. Das ist ein wenig abenteuerlich, denn die Dame, die mich in dem Geschäft bedient, kann nur Spanisch. Das wundert mich nicht wirklich. Zum einen bin ich ja in Spanien und die Dame ist mindestens 80 Jahre alt. Die Kommunikation mit Händen und Füßen macht ihr aber sichtlich Spaß und so habe ich schon bald ein halbes Baguette, Schinken und Käse, um mir nachher einen Bocadillo zu basteln. Und dann kommt die Tochter der Dame, die wohl nur mal schnell etwas erledigen wollte. Nun schaut sie auf den Schinken und entschuldigt sich in gutem Englisch, dass der so dick und ein wenig unförmig geschnitten ist. Sie bietet mir an, neue Scheiben mit der Maschine abzuschneiden, ich finde aber die von Hand geschnittenen viel besser und lobe die Herzlichkeit der alten Dame. Der Ort ist überhaupt nett. Bereits am Ortseingang wird man mit einem sehr schönen Bild, natürlich mit Bezug auf das Pilgern, begrüßt. Hübsche kleine Gässchen, kleine Häuser, teilweise mit Wein bewachsen und nette Menschen. Am Ortsende suche ich mir an einem Bächlein ein schattiges Plätzchen, um den Einkauf in einen Bocadillo zu verwandeln. Dort sitzt zwar schon ein anderer Pilger, aber das macht die Sache nur schöner. Er kommt aus den schottischen Highlands, einer in meinen Augen traumhaften Landschaft, und so reden wir eine Weile über Schottland, bis ich mein Essen verspeist habe. Den Ort hier hatte ich zwar heute Morgen als Etappenziel ins Auge gefasst, da es aber erst 13 Uhr ist, und um die Enttäuschung mit Horst zu verarbeiten, halte ich Weiterlaufen für eine gute Idee.

Ob das wirklich eine gute Idee ist, wage ich aber, schon nach ein paar Metern, zu bezweifeln. Ich schaue die Straße entlang in die Ferne. Irgendwo am Horizont verschwindet die Straße. Man kann aber nicht erkennen, ob sie dort auch irgendwo endet. Also bemühe ich meine App und die behauptet doch tatsächlich, dass es bis zum nächsten Ort acht Kilometer sind und das es, bis auf eine kleine Ecke, schnurgeradeaus geht. Ich verliere augenblicklich die Lust. Da ich aber Abstand zwischen mich und Horst bringen möchte, hilft leider nichts außer laufen. Und so senke ich den Kopf und laufe los. Bloß nicht mehr nach vorne schauen. Die ersten fünf bis zehn

Meter vor mir zu sehen reicht vollkommen aus. Ansonsten nur rechts oder links in die Landschaft schauen.

Das Schlimme an geraden Strecken ist nicht die Entfernung, sondern dass es so aussieht, als komme man nicht voran. Der Blick nach links zeigt eindeutig, dass man sich bewegt, der Blick nach rechts sagt dasselbe und auf die ersten paar Meter vor einem schauen, ist auch noch schön. Aber der Blick gerade nach vorne, lässt alle Bewegungen, die man vorher noch eindeutig wahrgenommen hat, als Lüge erscheinen.

Was es für mich mal wieder besonders schlimm macht, ist das fehlende Wissen. Die als psychisch sehr anstrengend beschriebene Strecke zwischen Carrion de los Condos und Calzadilla de la Cueza empfand ich als einfach. Ich wusste, was auf mich zukommt, und bin die Strecke einfach gelaufen. Der Anstieg in den Pyrenäen war dasselbe, er wird als physisch sehr anstrengend beschrieben, ich wusste es und bin ihn einfach gelaufen. Das hier trifft mich, vollkommen unvorbereitet und obwohl ich ein Schicksalsmensch bin, ich also die Dinge nehme, wie sie kommen, machen mich diese paar Kilometer richtig fertig.

Da aber jammern nicht hilft, lenke ich mich mit der direkten Umgebung ab und laufe einfach. Mein Kopf unterstützt mich dabei mit dem Lied „No Limit" von „2 Unlimited" und die Kilometer schmelzen langsam dahin.

Fasziniert bin ich von den Bewässerungskanälen. Kilometerweit führen sie an den den Feldern entlang. Ab und zu kreuzt ein Feldweg die Strecke und das Wasser verschwindet Strudel bildend im Boden, um nach dem Weg, eine Quellglocke bildend, wieder aufzutauchen und weiter zu fließen. Benötigt ein Landwirt Wasser, so öffnet er einen Schieber und das Wasser fließt auf sein Feld. Nach etwa vier Kilometern komme ich an einer Weide vorbei, die gerade auf diese Art gewässert wird. Die Kühe, die auf dieser Weide am Zaun stehen und vorbeiziehende Pilger beobachten, stehen schon etwa zehn Zentimeter im Wasser. Das ist bei dem Wetter gar keine so schlechte Idee und ich werde beinahe ein wenig neidisch ob dieser Möglichkeit.

Am Horizont, ein wenig rechts von der immer noch schnurgeraden Straße, sieht man ein Dorf. Das lässt mein Herz schon beinahe einen kleinen Hüpfer machen. Voller Vorfreude auf das nahe Ziel laufe ich weiter und warte auf den kleinen Knick, den die Straße ja, laut Karte, kurz vor der nächsten Ortschaft macht. Nach etwa eineinhalb Kilometern kommt die Enttäuschung. Es ist das falsche Dorf. Laut Karte gibt es dort auch keine Herberge. Es hilft nichts, ich muss weiter laufen. Nach einem der größeren Bewässerungskanäle steht ein kleines Waldstück. Direkt an der vorderen Ecke befindet sich ein großer schattenspendender Baum, unter dem ich eine Rast einlege. Sechs Kilometer bin ich ohne eine

Chance auf Schatten gelaufen. Wolkenloser Himmel und 26 Grad im Schatten sind in der Sonne nicht das beste Wetter zum Laufen.

Nach etwa zwanzig Minuten beende ich meine Pause. Ich will die letzten drei Kilometer hinter mich bringen. Das Saugen an meinem Trinkschlauch, um den Durst zu stillen, muntert mich auch nicht gerade auf. Es kommt noch ein Schluck heraus und dann ist der Trinkbeutel leer. Hier sind zwar Wasserkanäle, aber das Wasser daraus möchte ich nicht unbedingt trinken. Etwa 45 Minuten später bin ich endlich in der Herberge.

Nach der Anmeldung trinke ich erst einmal einen halben Liter Wasser. Danach beziehe ich mein Bett und gehe anschließend zur Bar. So ein halber Liter kühles Bier im Schatten sitzend zu trinken ist doch etwas Schönes. Nach einer Dusche und der täglichen Wäsche hole ich mein Notizbuch hervor und lasse die Geschehnisse des Tages Revue passieren. Zwangsläufig komm ich wieder bei Horst an. Ich lasse mir das, was er gesagt hat, noch einmal durch den Kopf gehen. Irgendwann einmal muss er glücklich verheiratet gewesen sein. Und dann ist irgendetwas passiert, egal ob schleichend oder plötzlich, was dazu geführt hat, dass die Ehe sich als nicht mehr haltbar dargestellt hat. Darunter haben außer ihm und seiner Frau anscheinend auch die Kinder, beziehungsweise zumindest ein Kind so gelitten, dass sie nun zu dritt bei einem Psychiater sind. Das bei ihm passierte, stellte sich vermutlich in einem Streit dar, sodass er sich veranlasst sah, mich zu warnen. Das nicht jeder Streit in einer Trennung endet, scheint er dabei nicht berücksichtigt zu haben oder hat es aufgrund seiner persönlichen Erfahrung erst gar nicht in Betracht gezogen.

Den Gedanken muss ich an dieser Stelle dann aber abbrechen, da das Essen fertig ist. Ich sitze zusammen mit einem Australier, dem Schotten vom Mittag und einem Niederländer an einem Tisch. Unter anderem wird mein T-Shirt ein Gesprächsthema. Wie eingangs erwähnt, habe ich berufsbedingt Funktionskleidung. Dazu zählt auch das T-Shirt, das ich gerade an habe, auf dem in großen Buchstaben „Berufsfeuerwehr Frankfurt" steht. Und Feuerwehr macht halt neugierig. Nach dem Essen schreibe ich weiter in mein Tagebuch und telefoniere mit meiner Frau. Horst bin ich nie wieder begegnet.

Um sechs Uhr herrscht heute Aufbruchsstimmung. Da es immer noch keine Ausrede gibt, die bewirkt, dass man liegen bleiben darf, stehe auch ich auf und bin schon 30 Minuten später auf der Strecke. Heute soll es wieder keine Wolken geben, dafür soll es aber windig sein und die Temperatur bleibt laut Vorhersage unter 20 Grad. Mein Pilgerführer verrät mir, dass ich hinter Villavante eine Bahntrasse queren muss. Dass sich dort aber kein Bahnübergang befindet, verrät er nicht. Die Möglichkeiten, die man hier hat, sind leider auch eher beschränkt. Entweder man geht darüber oder man läuft zurück in den Ort, um eine Brücke zu erreichen. Da es sich um eine eingleisige gerade Trasse handelt, schaue ich nach links und rechts und überquere die Trasse kurzerhand. Wenigstens hat die Autobahn, auf die man kurz danach stößt eine Brücke.

An dem kleinen Industriegebiet von Hospital de Órbigo stoße ich das erste Mal auf eine abgebrannte Fläche. Ausgegangen ist das Feuer augenscheinlich von alleine, da man keine Löschspuren sieht, wie sie ein Wasserstrahl hinterlassen würde. Was hier aber besonders geschützt ist, sind die Strommasten. Nicht gegen Feuer, aber gegen die Besiedlung durch Störche. Vielleicht liegt es an diesen Schutzmaßnahmen, dass hier pro Mast nur ein Storchennest ist, denn auf dem Mobilfunk-Mast, der keinen Schutz hat, befinden sich gleich drei Storchennester auf unterschiedlichen Höhen und ein viertes wird anscheinend gerade gebaut.

Nach Überquerung der N-120 wird es wieder schön. Der Weg führt über ein etwa 70 Meter breites Bachbett des Órbigo. Die Brücke, die dafür errichtet wurde, misst aber, warum auch immer, 300 Meter. Offiziell trägt die Brücke den Namen Puente Paso Honroso. Paso Honroso ist, beziehungsweise war, ein ritterlicher Zweikampf zu dem jeder pilgernde Ritter, der die Brücke passieren wollte, heraus gefordert wurde. Herausgefordert wurden diese von Don Suero. Es gibt auch dazu verschiedene

Varianten über die Ursache der Kämpfe. Ich finde die Geschichte am schönsten, in der dies als Liebesbeweis zu einer Dame geschehen ist, besagter Don Suero 300 Lanzen gebrochen hat und nach dem Turnier gemeinsam mit den Kontrahenten nach Santiago gepilgert ist. Heute findet alljährlich im Sommer neben dieser Brücke ein Ritterturnier statt, welches den geschichtlich überlieferten Ablauf nachstellen soll.

Ein großer Teil des Dorfes spiegelt die Geschichte ebenfalls wieder. Überall befinden sich Hinweisschilder über die mittelalterliche Vergangenheit und der Ort ist entsprechend sauber und gepflegt. Gut, Letzteres passt nicht unbedingt zum Mittelalter, sorgt aber dafür, dass sich Touristen wohlfühlen. Um frühstücken zu können, muss ich jedoch ein Stück weiterlaufen, da hier um kurz vor acht Uhr noch nichts geöffnet hat.

Die erste Bar im nächsten Ort lässt mich ein wenig schmunzeln. An der Tür steht ein großes Werbeschild mit den Dingen, die man hier anbietet. Schön bebildert steht dort Bier, Wein, gekühlte Cola, Frühstück, Eiscreme, Bocadillos, Wi-Fi, Menü, Spirituosen, Früchte und Taxi. Man bekommt hier quasi alles, was das Pilgerherz begehrt. Ob die Reihenfolge dabei irgendeine Rolle spielt, entzieht sich allerdings meiner Kenntnis.

Ich suche mir an der Theke ein mit Käse und Schinken belegtes Croissant aus und möchte noch eine Cola dazu. Ein wenig verwundert bin ich, als die Dame hinter dem Tresen mitsamt dem Teller und meinem darauf befindlichen Croissant in der Küche verschwindet. Das Ergebnis des etwa einminütigen Aufenthalts in der Küche lässt meinen Unterkiefer beinahe auf dem Boden aufschlagen. Auf dem Teller vor mir liegt nicht mehr das luftige mit Käse und Schinken belegte Croissant, sondern ein scheinbar essbares Stück Lebensmittel, welches durch ein heißes Waffeleisen platt gedrückt wurde. Vollkommen perplex nehme ich meine Sachen entgegen und setze mich an einen Tisch. Das muss ich jetzt erst einmal verarbeiten. Dieser herrliche, voluminöse Croissant ist nur noch einen Zentimeter hoch. Dafür hat er jetzt zwölf parallel verlaufende Linien. Wenigstens bekomme ich Messer und Gabel dazu. So kann man dieses Cordon-bleu-Croissant nämlich besser essen. Geschmacklich ist es gut. Durch die Wärme lösen sich die Geschmacksstoffe besser, was dem Gaumenerlebnis einen Ruck nach vorne gibt. Im Originalzustand hätte sich der Geschmack aber nicht auf einmal entfaltet, sondern er hätte sich sanft nacheinander ergeben. Zunächst hätte man die leicht flüchtigen Backaromen des Croissants mehr eingeatmet denn auf der Zunge gespürt. Dieser Geschmack wäre anschließend von den Butteraromen ergänzt worden, um schlussendlich noch von Käse und Schinken vervollkommnet zu werden. Schön sanft wie es bei einem Croissant sein soll. Hier macht es „peng" und alles ruft „hier bin ich". Ich bin gewiss kein ausgesprochener Gourmet, aber ein bisschen netter kann man zu Lebensmitteln schon sein.

Landschaftlich ist die gesamte Region recht einfach gehalten. Bis Villares de Órbigo begeht man eine Ebene, in der sich ein Feld an das nächste reiht. Dazwischen verlaufen immer wieder Wassergräben, die für die Wasserversorgung und somit für die Fruchtbarkeit sorgen. Hat man den Ort passiert, wird die Landschaft hügelig. Auch hier gibt es noch einige Felder, aber ohne die Wassergräben ist es hier ziemlich trocken und dementsprechend gering ist die Bewirtschaftung der Flächen. Viele, teilweise sehr große Bereiche, sind brachliegende Wiesen. Vereinzelt wachsen dort Büsche und Bäume. Dadurch haben Pflanzen und Tiere, die normalerweise keine Chance hätten, die Möglichkeit sich zu entwickeln. Ein Fleckchen, das nach einem ausgedienten Steinbruch aussieht, hat sich die Natur zurückerobert. In den Steilwänden sind viele Löcher, die verdächtig nach Nisthöhlen aussehen und auf dem ehemaligen Rundweg wachsen die ersten Pflanzen. Einige Felder wurden hier in Baumplantagen umgewandelt. Meistens sind es Kiefern, die dann auch gleich in Massen Kiefernprozessionsspinner anziehen. Nur in der Nähe von Bächen werden Pappelplantagen anstatt der Kiefernplantagen angelegt, da diese Bäume mehr Wasser benötigen. An einer dieser Pappelplantagen traf ich auf einen Pilger, der dort Aufnahmen mit einer Drohne machte. Es sieht schon schick aus, wie die Bäume dort in Reih und Glied stehen, aber es sind trotzdem Monokulturen. Richtige Wälder scheint man hier nicht mehr zu kennen. Ich weiß auch nicht, wann ich den letzten richtigen Wald durchquert habe. Entweder waren es wilde Buschlandschaften oder Baumplantagen, aber Wälder waren es schon lange nicht mehr.

An einem Pilgerdenkmal, ausnahmsweise mal eins außerhalb einer Ortschaft, treffe ich einen Engländer. Er wohnt mittlerweile in Santiago und möchte ein paar Wochen als Hospitalero in einer Herberge arbeiten. Damit er sich daran erinnert, wie es als Pilger ist, hat er beschlossen, eine Teilstrecke von etwa 200 Kilometern bis nach Portomarin zu pilgern. Vor einigen Jahren war er auch schon mal den kompletten Camino Francés gelaufen. Ich erzähle ihm, dass ich vor allem die kleinen Stände zwischendurch mag, weil die einem Pilger auf langen Strecken kleine Pausen und damit verbunde Erholung ermöglichen. Mit dem Hinweis, dass bald eine Überraschung auf mich warten würde, verlässt er mich wieder, da er eine Pause machen möchte.

Etwa zwei Kilometer später stehe ich vor „La Casa de los Dioses", übersetzt „Das Haus der Götter". Ein Eremit hat sich hier einer Ruine angenommen und baut diese dank Gönnern und Spendern nach und nach aus. Es soll wohl mal so eine Art Wohlfühloase und Kloster werden. Ersteres ist es schon. Der Innenhof ist schön gestaltet und schattige Plätzchen laden zum Verweilen ein. Für alle gibt es Getränke und Essen und wer möchte, darf etwas spenden. Bei wolkenlosem Himmel und 30 Grad im Schatten, gönne ich mir ein Stück Wassermelone und beobachte andere Pilger. Manche gehen einfach eilends vorbei, getrieben von unsichtbaren Mächten, wollen sie etwas für sie wichtiges erreichen. Andere nehmen sich ein Stück Obst, spenden etwas und ziehen weiter und manche gönnen sich, wie ich, eine mehr oder weniger kleine Pause. Zwischendrin wuselt der Eremit herum und freut sich über die Gespräche, die immer mal wieder entstehen. Man kann hier wohl auch schon übernachten, dafür ist es jetzt aber, zumindest für mich, noch zu früh. Und so ziehe ich weiter.

Kurz vor dem nächsten Waldstück fällt mir ein kleines Kuriosum ins Auge. Neben dem Weg steht eine Betonsäule, aus der oben eine Röhre herausragt. Über eine Leiter könnte man diesen kleinen Turm erklimmen, was ich aber lasse, da die Leiter doch schon etwas rostig ist. Bemalt ist die Säule mit zwei Unterarmen, die sich mit der Hand am jeweils anderen Unterarm, knapp oberhalb des Handgelenkes, umgreifen. Hier stehen keine Gebäude und nichts weist auf eine unterirdische Anlage hin, zu der diese Säule gehören könnte. So bleibt mir der Zweck, oder auch ehemalige Zweck, verborgen und ich folge der Weisung auf der Säule, einem gelben Pfeil mit Richtung Santiago.

Heute sind die Sehenswürdigkeiten am Weg recht dicht gedrängt und ich erreiche nur 15 Minuten später das Cruz de Santo Toribio. Das Wetter spielt mit und so genieße ich eine herrliche Aussicht über die vor mir liegende Ebene, in der sich auch Astorga befindet. Mitten in Astorga ragen zwei imposante Gebäude weit über die anderen hinaus. Zum einen die Kathedrale und zum anderen der, von Gaudi entworfene, Bischofspalast. Letzterer gehört zu den außergewöhnlichsten Gebäuden, die ich je zu Gesicht bekommen habe. Aber bis dorthin habe ich noch ein paar Kilometer vor mir.

Zunächst komme ich nur 500 Meter weit, also gerade mal den dortigen Hügel hinunter. Dort steht ein interaktives Pilgerdenkmal. Es handelt sich um die lebensgroße Darstellung eines Pilgers mit Rucksack und Pilgerstab, der aus einem Flaschenkürbis Wasser trinkt. Drückt man den entsprechenden Knopf, kommt aus dem Flaschenkürbis ein Wasserstrahl, der in den Mund der Statue spritzt. Neben dem Denkmal ist auch eine Zapfstelle, um die eigenen Wasservorräte aufzufüllen. Man muss also nicht beim Trinken zuschauen, man kann auch zusammen einen Schluck trinken.

Noch mal 100 Meter weiter, ich sagte ja bereits, dass die Dichte der Sehenswürdigkeiten hier etwas höher ist, trifft man im letzten Ort vor Astorga auf eine interessante Gebäudekombination. Der alte Glockengiebel der hiesigen Kirche, einen Kirchenturm, wie wir ihn aus

Deutschland kennen, gibt es hier eher seltener, wurde hier jedoch für die neue Kirche genutzt. Der Neubau, der daran anschließt, ist vollkommen modern errichtet und passt so gar nicht zu dem alten Gemäuer. Ich vermute, dass der Frontfassade mit ihrer Glocke eine besondere Bedeutung zugesprochen wird und die Giebelwand deswegen erneut genutzt wurde.

Von hier aus geht es dieses Mal ganze zwei Kilometer am Stück weiter, bis man auf ein Konstrukt trifft, dass seines gleichen sucht. Eigentlich ist es nur eine Fußgängerbrücke über die einspurige Bahnstrecke. Der alte Bahnübergang ist zwar noch vorhanden, jedoch wurde er mit einem hohen Stahlzaun versperrt, an dem man nicht vorbei kommt. Jetzt führt der Weg über ein etwa neun Meter hohes Rampenkonstrukt entgegen dem Uhrzeigersinn hoch, anschließend in luftiger Höhe über die Bahnstrecke und auf der anderen Seite über ein gleiches Konstrukt wieder hinunter. Runter geht es natürlich im Uhrzeigersinn, sonst wäre man ja verknoddelt.

Interessant finde ich die Drehrichtung gegen den Uhrzeigersinn, wenn man hochgeht. Man könnte es als Beweis dafür ansehen, dass es keine Ritter mehr gibt. Gehen Sie mal in eine Burg, jede Wendeltreppe dreht sich rechts herum, also im Uhrzeigersinn. Das hängt mit der Verteidigung der Burg zusammen. Ein Angreifer kam immer von unten und der Verteidiger war oben. So musste der Angreifer versuchen, um den engen Radius nach oben zu stochern, und zeigte dabei seinen Körper quasi ungeschützt. Der Verteidiger hingegen hatte den ganzen Platz zum Zustoßen und konnte sich gleichzeitig hinter der Mittelsäule der Wendeltreppe verstecken, um möglichst keine Schwerthiebe abzubekommen. Funktioniert hat das allerdings nur bei Rechtshändern. War der Angreifer Linkshänder, so hatte er einen Vorteil und galt dafür als falsch, was wiederum dafür sorgte, dass man bis in die Moderne Linkshänder zu Rechtshändern umerzogen hat. Und hier ist die Drehung halt anders herum. Ohne Ritter ist das aber egal.

Weiter geht es nach Astorga hoch. Ja, Astorga ist endlich mal wieder eine Stadt, die nicht ebenerdig ist, sondern auf einem Berg liegt. Wie habe ich das vermisst. Allerdings muss ich zugeben, dass mich Berge in Bezug auf die körperliche Belastung, mittlerweile nicht mehr interessieren. Egal ob hoch oder runter, steil oder flach, ich laufe. Und das, ohne zu jammern oder zu stöhnen. In diesem Fall freue ich mich sogar, da Astorga, mit dem Gaudi-Palast, schon etwas Besonderes ist. Da ich hier schlecht jede weitere Pilgerstatue oder jedes Gebäude in Astorga beschreiben kann, sei nur erwähnt, dass sie da sind. Schöne Pilgerdenkmäler, schöne Gebäude und schöne Kirchen. Durch die Fußgängerzone mit kleinen Geschäften und teilweise sehr ansprechenden Fassaden, laufe ich zum Plaza de Eduardo de Castro. Das ist der Platz, an dem sich der Gaudi-Palast und, hinter einer

Kirche versteckt, die Kathedrale befindet. Der Palast ist heute leider geschlossen, aber allein der äußere Anblick ist lohnenswert. Ein wirklich außergewöhnliches Gebäude.

Die tolle Kathedrale, die gefühlt immer unterschlagen wird, ist etwas Besonderes. So ist das Hauptschiff in einer eher sandigen Farbe gebaut, während die Türme und das Portal rötlich sind. Auch sind die Portale schön und aufwendig gestaltet. Genauso, wie das Innere, von den Altären bis zur Orgel und dem Chor sehr aufwendig gestaltet sind, sodass es alles Augenweiden sind. Aber auch hier gilt, dass eine genauere Beschreibung den Rahmen sprengen würde.

Nach einem eher seltsamen Mittagessen, das aus zwei Schnitzeln Natur, Pommes, Bacon und Spiegelei besteht, verlasse ich Astorga wieder. Dabei muss ich feststellen, dass die Westseite von Astorga nicht unbedingt so sehenswert ist, wie es die Ostseite war. Gegen diese Eintönigkeit lässt sich mein Gehirn aber prompt etwas einfallen. Und so trällere ich für den Rest des Tages „On The Road Again" von Willie Nelson vor mich hin.

In Murias de Rechivaldo steuere ich der Bar am Ortsausgang entgegen. Ich habe nämlich nichts mehr zu trinken, möchte aber noch bis in den nächsten Ort laufen. Laut der Kartenapp gibt es genau diese eine Bar auf der Strecke. Und die hat zu. Zwei Pilgerinnen, die kurz nach mir eintreffen, sind darüber genauso enttäuscht wie ich.

Da jammern aber immer noch nicht hilft, gehe ich halt weiter. Nicht die 100 Meter zu dem Hotel des Ortes, sondern brav den Jakobsweg weiter. Nach sage und schreibe 200 Metern stehe ich vor einer Herberge und frage mich allen Ernstes, wo die herkommt. Und das nur, weil die nicht in meiner Karte verzeichnet ist. Das ist aber eigentlich egal, denn ich kann etwas trinken, bevor ich weitergehe. Auf die Idee, hierzubleiben und zu übernachten, komme ich irgendwie gar nicht. Auch nicht, als ich die deutsche Pilgerin sehe, der ich schon in der Herberge in Villatuerta begegnet bin. Ich setze mich mit einer Cola zu ihr und sie erzählt von der Horror-Route vor Burgos. Sie wusste nichts von der alternativen Route, für die ich mich entschieden hatte, und musste durch das Industriegebiet. Die letzten beiden Tage hat sie ihr Gepäck transportieren lassen und war jeweils 40 Kilometer gelaufen. Es hat sich wohl eine Art Pulk gebildet, in dem sehr viele Pilger laufen und diesem wollte sie entkommen, damit sie nicht immer eine Herberge suchen muss, die noch einen freien Platz hat. Nach der Cola verabschiede ich mich von ihr und gehe auf mein heute letztes Stück.

Unmittelbar nach der Herberge endet die durch den ganzen Ort gepflasterte Straße. Autos benutzen ab hier eine staubige Piste und Pilger einen parallel verlaufenden, ebenfalls staubigen Pfad. Vier Kilometer sind es bis zum nächsten Ort und die führen fast komplett durch Baumplantagen. Schatten spenden die Bäume allerdings keinen. Zum einen sind diese noch zu klein und außerdem sind sie zu weit vom Weg entfernt. Aktuell ist das allerdings egal, da es sich langsam zuzieht. Und so fängt es tatsächlich das zweite Mal auf meinem Camino an zu regnen. Für unendliche fünf Minuten kommen vereinzelte Tropfen vom Himmel, dann ist es auch schon wieder vorbei. Ich komme nicht einmal auf die Idee meine Regenkleidung auszupacken.

Als ich wenig später die Herberge am Ortseingang erreiche, habe ich wieder einmal 30 Kilometer geschafft. Ich freue mich zwar auf die Dusche und dass ich für heute angekommen bin, aber körperlich bin ich weder müde noch in irgendeiner Form erschöpft. So sitze ich weinig später mit einem Getränk vor der Herberge, streichle die Katze, die mir um die Beine streift, und fasse den Tag zusammen.

Kurz vor dem Abendessen kommt noch ein junges Pilgerpaar in die Herberge, muss dann aber weiter, da die Herberge mittlerweile voll ist. Die beiden sind bis hierher schon über 40 Kilometer gelaufen, weil alle Herbergen vorher schon voll waren. Nach einigen Telefonaten hat sich dann herausgestellt, dass das nächste freie Bett in Rabanal del Camino ist, also elf Kilometer entfernt. Für mich vollkommen nachvollziehbar, bestellen die beiden sich ein Taxi für die Strecke. Ich wollte nach 40 Kilometern und abends um 19 Uhr auch keine weiteren elf Kilometer mehr laufen.

Nach dem Abendessen telefoniere ich, wie immer mit meiner Frau. Da in der Herberge viel los ist, gehe ich dabei die Straße vor der Herberge auf und ab. Kaum das wir uns „Gute Nacht" gesagt haben, aktiviere ich die Kamera meines Handys, denn genau am Ende der Hauptstraße geht gerade die Sonne unter. Und dann steht da noch eine Mauer mit allerlei Pflanzen in den Spalten, die Kirche mit der typischen Glockenfassade und dem dazugehörigen Storchennest und, wie um dem Ganzen eine Krone aufzusetzen: der kitschige Sonnenuntergang im Hintergrund. Also viele tolle Motive. Was mich ein wenig traurig stimmt, ist der einsame Storch in dem Nest. Über eine Stunde steht er schon da. Ich weiß nicht, wie lange ein Storch auf Futtersuche ist, aber ich hoffe inständig, dass er nicht umsonst wartet.

Um sechs Uhr werden wir von dem Morgenlied der Schwalben geweckt. Grob geschätzt sind in dem Innenhof der Herberge etwa 40 Nester. Einige Pilger schauen mit einem Gesichtsausdruck in Richtung der Schwalben, der den Eindruck hinterlässt, dass sie die Tiere töten möchten. Es ist auch unglaublich laut. Der Innenhof ist rundherum geschlossen, hat einen umlaufenden Balkon sowie ein überstehendes Dach. Mit anderen Worten, der Schall hat kaum eine Chance den Innenhof zu verlassen.

Um 6.30 Uhr schnüre ich meine Schuhe und betrachte das letzte Mal den Innenhof. Der Boden ist mit Bruchsteinplatten ausgelegt, das Erdgeschoss besteht aus den hier üblichen Natursteinen und hinterlässt den Eindruck einer Trockenmauer. In der Mitte steht ein Brunnen, der rundherum bepflanzt ist und sowohl an der Hauskante, wie auch an der Balkonkante entlang, stehen Kübelpflanzen. Abends wird der Hof zusätzlich von einer Lichterkette an der Balkonkante beleuchtet. Alles in allem ist es hier sehr schön.

Nichtsdestotrotz bin ich hier ab sofort quasi unerwünscht. Offiziell darf man nur eine Nacht in einer Herberge verbringen. Eine Ausnahme wäre, wenn man zu krank ist, um weiterzugehen. Ich vermute, dass diese Regelung heute nicht mehr überall angewandt wird. Hier bin ich in einer privaten Herberge und da gehe ich davon aus, dass ich auch länger bleiben dürfte. Ich möchte aber weiter und so verlasse ich den Hof und laufe das erste Mal in den Sonnenaufgang hinein.

Die Strecke führt von hier aus ziemlich genau in Richtung Westen. Ich laufe also eigentlich gar nicht in den Sonnenaufgang hinein, sondern vor ihm weg, aber ich war noch nie so früh unterwegs. Hier und da bin ich zwar schon einmal so früh aufgestanden, jedoch war die Sonne immer schon aufgegangen, bis ich das Gebäude verlassen hatte. Ich bin mittlerweile anscheinend sehr effizient geworden, wenn es um das morgendliche

Packen der Siebensachen geht. Auf der Strecke bin ich der Zweite. Kurz vor mir ist ein Slowene gestartet. Da dieser aber recht langsam geht, habe ich ihn schnell eingeholt. Er hat einige Blasen an den Füßen und hat beschlossen, die nächsten Tage langsamer zu laufen, damit sich die Füße erholen können, und so bin ich der Erste auf der Strecke. Zumindest bis El Ganso, denn dort ist auch eine Herberge, von der aus die Pilger jetzt starten. Aber die ersten vier Kilometer gehören heute ganz alleine mir.

In El Ganso gibt es ebenfalls eine Bar, die einen Abstecher Wert wäre, aber sie ist morgens um 7.30 Uhr leider noch geschlossen. Meinen Kaffee und einen Toast bekomme ich dann erst am Ortsausgang. Dort ist so eine Art Supermarkt, der auch Frühstück anbietet. Die Dame wird ein wenig hektisch, weil sie gerade aufgemacht hat, aber noch nichts vorbereitet ist, so habe ich Zeit, mich umzuschauen, bevor ich mich dem Frühstück widme. Dabei entdecke ich einen kleinen silbernen Pin mit einer Muschel. Und da ich mir schon immer irgendwelche Anstecker von Alpenhütten und Ähnlichem gekauft habe, nehme ich diesen Anstecker mit.

Von nun an geht es ständig bergauf. Zunächst relativ sachte, nach Rabanal del Camino, dann recht deutlich. In Rabanal gibt es ein Benediktinerkloster, in dem sich die Mönche um das Wohl der Pilger kümmern. So hat man unter anderem die Möglichkeit, die Beichte abzulegen oder, was an sich eher ungewöhnlich ist, mehrere Tage zu bleiben, um mit den Mönchen intensive Gespräche führen zu können.

Hinter Rabanal läuft man mehr oder weniger parallel zur Straße. Meist sind es zwei Meter, ab und zu aber auch mal 80 Meter bis zur Straße. Der Weg selbst ist einem stetigen Wandel unterzogen. Teilweise ist er ausgebaut wie ein guter Feldweg, und dann gleicht er wieder einem schmalen Trampelpfad. Genau das Richtige für mich. Endlich läuft mal wieder ein Bach der Länge nach über den Weg. Verwerfungslinien lassen einen schon fast über den Weg klettern, man sieht kleine und große Blüten und Ölkäfer huschen über den Weg, und das alles bis zum Abwinken.

Kurz vor Foncebadón treffe ich auf ein paar lustige Arbeiter des hiesigen Stromversorgungsunternehmens. Die haben eine Drohne dabei und wollen mit diesem Fluggerät die Strommasten kontrollieren. Das ist auch soweit in Ordnung, aber als Start- und Landeplatz haben sie sich den Feldweg ausgesucht, auf dem ich gerade laufe. Und so sperren sie mit großen Pylonen mal kurzerhand den Jakobsweg. Ich versuche ihnen klar zumachen, dass das vielleicht keine so gute Idee ist, und zeige auf den Weg und sage „Camino Francés". Da die Arbeiter komisch schauen, füge ich noch „ Santiago de Compostela" hinzu. Augenblicklich erhellen sich die Gesichter der Arbeiter, die weniger Englisch können, als ich Spanisch, und ich bin froh, dass sie es kapiert haben, als der eine Arbeiter den Weg entlang zeigt und „Santiago! Buen camino peregrino!" sagt. Da er augenscheinlich stolz ist, mir den Weg nach Santiago weisen zu können, bedanke ich mich artig und gehe weiter. Auch die anderen beiden Mitarbeiter rufen mir jetzt „buen camino" zu und ich winke noch einmal mit einem „gracias" zurück. Die Pilger, die mir folgen, werden ob der Sperrung ziemlich begeistert sein. Auf der einen Seite befindet sich eine mit Stacheldraht eingezäunte Weide, dann kommt der nun gesperrte Weg, das Fahrzeug der Arbeiter und daran schließt sich unwegiges Gelände an.

Ich betrete derweil über eine neue, breite Straße das Dorf Foncebadón. Wenn ich mich nicht verzählt habe, so besteht das Dorf aus 21 Gebäuden. Es könnte allerdings sein, dass das eine oder andere Gebäude mittlerweile eingestürzt ist, dafür aber andere Gebäude neu errichtet wurden. Die breite neue Straße, über die man das Dorf betritt, endet nach ungefähr 200 Metern. Zumindest endet der Ausbau. Danach geht es auf einer Staubpiste weiter. Viele ehemalige Gebäude dieses Bergdorfes sind nur noch Grundmauern und bis vor ein paar Jahren war es ausgestorben. Beim Wiederaufbau des Dorfes merkt man deutlich den Einfluss des Jakobsweges. Mindestens fünf Herbergen und ein Hotel sowie drei oder vier Bars beziehungsweise Restaurants stehen hier. Der Jakobsweg ist eindeutig ein Wirtschaftsfaktor.

Und weil ich den Wiederaufbau unterstützen möchte, mache ich hier eine Pause, um mir etwas zum Essen und zum Trinken zu holen.

Gut, es ist sowieso Mittagszeit, von daher passt es in zweifacher Hinsicht. Ich suche mir ein Plätzchen auf der Terrasse vor der Bar und genieße mein Croissant, welches dieses Mal nicht malträtiert wurde. Schräg hinter mir sitzt ein etwas älteres deutsches Pärchen, welches ich aufgrund der Kleidung für Touristen gehalten hätte. Die beiden unterhalten sich aber darüber, wie anstrengend der Weg hier hoch war und dass sie froh sind, den Rucksack nicht tragen zu müssen. Ich freue mich einmal mehr, keine Knieprobleme mehr zu haben und zum Abschied wünsche ich den beiden – auf Deutsch – alles Gute, was bei diesen für große Augen sorgt. Ich vermute mal, dass sie einige Sachen nicht gesagt hätten, wenn sie davon ausgegangen wären, dass ich sie verstehe.

Mit einem Lächeln auf den Lippen verlasse ich das Bergdorf und bekomme sogar noch ein Konzert zu Ohren. In einem etwa 80 Quadratmeter großem Teich geben sich einige Frösche die Ehre. In Anbetracht der sonst eher trockenen Heidelandschaft rundherum, hätte ich hier nicht unbedingt einen Teich erwartet. Es zieht mich aber weiter, schließlich wartet heute der höchste Punkt des Jakobsweges, Cruz de Ferro, auf mich. Nach etwa einem Kilometer kreuzt man die Straße, die dorthin führt, und läuft anschließend in einem Abstand von etwa drei bis vier Metern an dieser entlang, bis man oben ankommt.

Das Cruz de Ferro, das Eiserne Kreuz, ist einer der wichtigsten Punkte auf dem Camino Francés. Sowohl Kelten als Römer nutzten diesen Ort schon als Kultstätte und so tolerant, wie die Christen sind, haben sie auch diesen Kult übernommen. Hier auf 1500 Meter Höhe über dem Meeresspiegel legt man einen von zu Hause mitgebrachten Stein ab. Zu dem Sinn und Zweck davon gibt es mal wieder unterschiedliche Varianten. Wichtig ist, dass der Stein von zu Hause mitgebracht wurde. Ich mag die Geschichte, in der nach dem Tod die Sünden gegen die guten Taten aufgewogen werden und dieser Stein auf die Seite der guten Taten gelegt wird. Quasi als Belohnung für die Strapazen, die man auf sich genommen hat. Je schwerer der Stein ist, desto mehr Sünden werden also ausgeglichen. Bei der Auswahl des Steines daheim sollte man jedoch bedenken, dass man bis hierher etwa 540 Kilometer läuft und diesen Stein trägt. Mein Stein hatte übrigens etwa 500 Gramm. Mittlerweile werden aber auch andere Sachen dort abgelegt oder an den dortigen Stamm geheftet.

Das Kreuz, das sich auf dem etwa fünf Meter hohen Stamm befindet, ist allerdings nicht mehr das Originalkreuz. Dieses befindet sich in einem Jakobsweg-Museum. Wer es sehen möchte, muss von hier aus allerdings zurücklaufen. Besser ist es, frühzeitig daran zu denken, da es in Astorga ausgestellt ist.

Ich komme bei strahlend blauem Himmel um kurz vor 13 Uhr am Cruz de Ferro an und bin ganz alleine. Vom ersten Anblick bis zum Verlassen des künstlichen Hügels, habe ich alles ganz alleine für mich. So sehr wie ich die ganze Zeit gerannt bin, wenn ich unterwegs war, hier verlangsamt sich auf einmal alles. Ich schleiche auf das Kreuz zu und alles um mich herum stirbt. Ich nehme einfach nichts mehr wahr. Für mich singt kein Vogel mehr und ich spüre weder Wind noch Sonne auf meiner Haut. Ganz langsam gehe ich auf diesen Hügel zu und steige ihn empor. Oben angekommen, hole ich den Stein aus meinem Rucksack und lege ihn für meine Frau ab. Sie ist zwar ein absoluter Engel, eine Nachbarin sagte mal „Sie ist viel zu Gut für diese Welt", aber sie selbst glaubt, sie hätte Schuld auf sich geladen. Und wenn es denn so ist, dann liegt dieser Stein nun auf der Guthaben-Seite.

Fast eine Stunde verbringe ich auf einer Bank etwas abseits des Kreuzes. Ich rauche eine Zigarette nach der anderen und breche immer wieder in Tränen aus. Und das nur wegen des einen niedergelegten Steines. Die Zeit ist mir einfach egal. Ich kann einfach nicht weiter gehen. Nach mir kommen noch einige Pilger. Fast alle werden vor dem Hügel langsam und bedächtig und ziehen sich, wie ich anschließend irgendwohin zurück.

Gerade als ich aufbrechen möchte, kommt ein Auto über die Straße den Berg hochgefahren und hält neben dem Kreuz an. Auf der gegenüberliegenden Seite ist zwar ein Parkplatz, aber den muss man ja nicht nutzen. Ein etwa 60-jähriger Mann und eine etwa 30-jährige Frau steigen aus, legen einen Stein am Fuß des Kreuzes ab, lachen, steigen wieder ein und fahren weg. Das erscheint mir irgendwie surreal. Aber ich muss zugeben, dafür hätte sich das Parken auf dem Parkplatz gegenüber tatsächlich nicht gelohnt.

Nachdem ich mir die hiesige Kapelle angeschaut und die Sonnenuhr, bei der man selbst als Zeiger fungiert, ausreichend studiert habe, verlasse ich das Kreuz und den Platz auf dem Berg. Kurz vor dem Ende der Freifläche komme ich an drei großen Müllcontainern vorbei. Ich greife in meine Tasche, hole meine Zigaretten und das Feuerzeug hervor und entsorge beides. Von hier an geht es bergab.

Also der Weg geht bergab, nicht etwa meine Laune. Nach etwa zwei Kilometern kommt man nach Manjarin und damit zu dem Templer Thomas. Thomas hält hier Ruinen besetzt und bietet Pilgern Essen und Unterkunft gegen Spenden an. Mittlerweile sind es wohl noch mehr Leute, die dort wohnen und den Pilgern dienen. Ich werfe von der Straße aus einen Blick auf die Gebäude und entscheide, dass es mir zu gefährlich ist, sie zu betreten. Keine hundert Meter weiter stelle ich fest, dass auch die Straße lebensgefährlich ist. Links eine hohe Mauer eines zerfallenen Gebäudes, rechts der steile Berghang und dazwischen die etwa vier Meter breite Straße mit einem 20 Zentimeter breiten Grünstreifen. Das wäre ja nicht weiter schlimm, wenn man etwas sehen könnte. Leider verläuft die Straße aber in einer Linkskurve und dank dieser sieht man hier etwa fünf Meter weit, was bei Autos, mit der für Spanien typischen Kurvengeschwindigkeit nicht gerade viel ist. Ich war regelrecht froh, als ich diese Ecke hinter mich gebracht hatte.

An einer Pausenstation hole ich mir etwas zum Essen und Trinken. Das beste Essen, das hier angeboten wird, ist eine Art Schokohörnchen. Und das ist in Folie eingeschweißt. Eine Zigarette wäre mir jetzt lieber. Ich suche mir mit dem kargen Mahl ein Plätzchen und kurze Zeit später gesellt sich eine Pilgerin zu mir. Wir kommen ins Gespräch und landen bei dem Templer Thomas. Sie erzählt, dass Thomas wohl momentan keine Gäste beherbergen dürfe, und Stress mit den Behörden hätte. Das wundert mich nicht wirklich, vermutlich hat sich die Baubehörde zu Wort gemeldet und Bedenken bezüglich der Statik geäußert. Kaum, dass ich aufgegessen habe, mache ich mich wieder auf den Weg. Normalerweise würde ich gemütlich sitzen bleiben und eine Zigarette rauchen, aber ich habe keine mehr und will auch endlich dieses Laster loswerden. Und heute können die Wege hier meinen unruhigen Geist besänftigen. Quer durch die

Natur, Steinbrocken die im Weg liegen und sehr viele schöne Blumen lenken mich von der inneren Unruhe, die die Sucht auslöst, ab.

Um nach El Acebo zu gelangen, geht es noch einmal steil bergab. Der Weg führt in zwei Serpentinen den Hang hinunter. Serpentinen sind für Fußgänger gefährlicher, als man meinen mag. Gerade wenn man zu Fuß unterwegs ist, neigt man dazu, die engen Kurven abzukürzen. Dazu stolpert man ein kleines Stückchen Hang hinunter und spart dafür sechs Meter Strecke. Den Erfolg eines solchen Tricks, sehe ich in der zweiten Serpentine. Dort sitzt eine etwa 50-jährige Französin mit schmerzverzerrtem Gesicht und wird bereits von drei weiteren Pilgern betreut. Ich frage trotzdem, ob ich helfen kann, da ich ja eine medizinische Ausbildung genossen habe. Die Dame erklärt mir, dass sie abkürzen wollte und dann auf dem steilen Stück umgeknickt sei. Es habe schon jemand den Krankenwagen gerufen, der käme aus Ponferrada und müsse wohl bald da sein, da sie ja schon eine halbe Stunde warteten. Ich schaue kurz auf den Knöchel, wünsche ihr alles Gute und gehe weiter. Die Dame tut mir leid. So wie der Knöchel aussah, hatte sie einen Bänderriss und somit ist ihr Camino hier wohl zu Ende.

El Acebo ist ein schickes kleines Dorf, das links und rechts der Hauptstraße eine Häuserreihe stehen hat und zusätzlich noch ein paar Häuser um die Kirche herum.

Alle Häuser bestehen aus dem hier vorkommenden Naturstein und fast alle Dächer sind mit Schiefer gedeckt. Über den Eingängen sind Balkone mit langen Dachüberständen zu sehen, die die Bewohner bei Regen schützen, wenn sie vor die Türe gehen. Ganz am Ende des Ortes steht ein Hotel mit Herbergsbetrieb. Dort bekomme ich ein Bett in einem Achtbett-Zimmer. Es wird aber nicht voll und so schlafen wir zu zweit in dem Zimmer.

Nach dem allabendlichen Waschritual und einem eher mäßigen Pilgermenü, welches ich alleine an einem Tisch sitzend zu mir nehme, warte ich auf den Sonnenuntergang. Die Herberge liegt an dem westlichen Ende des Ortes und ist an einem Hang gebaut, sodass man bei entsprechender Fernsicht einen schönen Blick in das Tal hat. Vermutlich weiß auch der Betreiber um diesen Blick, denn ich stehe auf einer Aussichtsterrasse. Man könnte das noch toppen, indem man sich zu dem hinter mir, etwa drei Meter höhergelegenen Pool begibt, aber die Poolnutzung muss extra bezahlt werden und das lohnt sich bei den aktuellen Temperaturen nicht wirklich. Das Wetter ist zwar hervorragend, aber auch in Spanien sind es Anfang Mai in 1100 Metern Höhe nur 17 Grad. Das, in Verbindung mit dem blauen Himmel und vereinzelten Wolken, ist perfekt zum Laufen, für den Pool aber zu kalt. Dafür spielt die untergehende Sonne mit ihrem Licht und verwandelt die Wolken in eine Leinwand für ein wunderschönes Farbspiel, bis sie dann schließlich so weit im Westen steht, dass die Erdkrümmung auch die letzten direkten Lichtstrahlen verhindert.

Wieder im Zimmer angekommen, fragt mich mein heutiger Mitbewohner, ob es schlimm sei, wenn sein Wecker schon um sechs Uhr klingeln würde, da er morgen eine größere Strecke zurücklegen wolle. Mir kommt das ausnahmsweise gelegen, da ich mal sehr früh laufen will. Ich möchte zwar keine besonders große Strecke laufen, aber halt mal erfahren, wie es ist, früh morgens zu laufen. Ich stelle meinen Wecker dann auch auf sechs Uhr und freue mich, dass ich den frühen Start so problemlos ausprobieren kann. Normalerweise sind ja viele Pilger in einem Zimmer, sodass man entsprechend viele böse Blicke kassiert, wenn man so früh aufsteht. Hier sind wir zwei uns dankenswerterweise einig und somit gibt es auch keine bösen Blicke am Morgen.

Endlich mal wieder deutsch reden

Um sechs Uhr spielt mein Handy eine leise Musik. Diese würde langsam lauter werden, um mich zu wecken, hat dazu aber heute keine Chance. Schon mit den ersten Tönen richte ich mich auf, stelle den Wecker ab und gehe Richtung Waschraum. In dem Nachbarbett rührt sich gar nichts. Vielleicht geht seine Uhr ein wenig nach und sein Wecker ertönt dementsprechend ein wenig später als meiner. Zurück vom Waschen hat sich der junge Mann in dem Bett immer noch nicht gerührt. Ich packe routiniert meinen Rucksack und verlasse ohne ein Wort des Abschieds den Raum. Die Worte wären auch ungehört verklungen, da der Möchtegernfrühaufsteher weiterhin tief und fest schläft. Zwanzig Minuten nach dem Aufstehen bin ich wieder auf der Piste unterwegs. Der Tag Eins des Nichtraucherlebens fängt dunkel an.

Während in Deutschland die Sonne Anfang Mai gegen 5.30 Uhr aufgeht, tritt sie hier erst gegen sieben Uhr auf den Plan. In Ost-Portugal findet das Ereignis, wie in Deutschland, um 5.30 Uhr statt und ich befinde mich hier tatsächlich nördlich von Portugal. Schuld an diesem zeitlichen Spagat ist der Diktator General Franco. Dieser hat nämlich, während des Zweiten Weltkrieges, die mitteleuropäische Zeit eingeführt, damit die Angriffe mit dem Bündnispartner Deutschland zeitlich besser koordiniert werden können. Und dies wurde bis heute nicht mehr rückgängig gemacht.

So stapfe ich durch den dunklen Morgen. Ich hatte überlegt, ob ich meine Stirnlampe, mit der ich üblicherweise nachts den Weg zur Toilette suche, benutze, um den Weg besser zu sehen, aber nach einer kurzen Eingewöhnungszeit für die Augen reicht das Licht des silbernen Streifens am Horizont, um den Verlauf des Weges zu erkennen. Mehr als ein Trampelpfad ist es aber erst einmal nicht. Zwischen den trockenen Büschen hindurch, verläuft der Pfad etwas abseits der Landstraße immer weiter den Berg hinunter.

Mit Riego de Ambrós reiht sich ein weiteres kleines Bergdorf in die Reihe der wunderschönen und sehenswerten Dörfer des Camino Francés ein. Leider ist es noch viel zu früh um ein Frühstück in diesem schönen Ort zu bekommen. Ich habe zwar Hunger, schließlich habe ich mich daran gewöhnt, im nächsten Ort nach dem Übernachten zu Frühstücken, aber das hilft leider nicht, wenn alles noch zu hat. Das habe ich nun davon, dass ich unbedingt so zeitig starten wollte. Vorbei an so schönen Straßennamen wie Camino 6, Camino 5, Camino 9 und Camino 4 verlässt man das Dorf über die Straße Camino 2.

Was bin ich froh, dass es mittlerweile hell ist. Das Wort „Camino" heißt auf Deutsch nichts anderes als Straße, Weg oder Pfad. In diesem Fall hier, wäre beinahe schon das Wort Klettersteig als Bezeichnung angebracht. Kaum endet die Asphaltdecke, wandelt sich der Weg erst in eine Art Feldweg und zehn Meter danach steht man auf bloßem Felsen und schaut in die Tiefe. Auf die nächsten fünfzig Meter geht es geschätzte zehn Meter runter. Was hier zum Klettersteig fehlt, ist das Stahlseil, in das man sich mit seinem Klettergurt einklinken kann. Wenn der Boden nass wäre, dürfte man auf diesem Stück Weg schon mal Herzklopfen bekommen.

Auf diesem Stück nach unten, verändert sich auch die gesamte Vegetation. Waren es bis hierher noch Pflanzen, die sich durchaus mit längeren Trockenphasen arrangieren können, wird hier innerhalb von ein paar Metern alles saftig grün. So darf man dann auch am Ende des Gefälles mal wieder einen Bachlauf durchschreiten. Bevor man sich aber an das frische Grün gewöhnt hat, verlässt man den Bachlauf und wandelt wieder über schmale Pfade mitten durch die Natur. Wer Höhenangst hat, der darf nun noch einmal tief und frei durchatmen und sollte seinen Blick dann auf die schönen Blumen am rechten Wegesrand richten.

Stetig bergab laufen kann man bekanntlich nur, wenn man oben ist und so führt der Weg auf halber Höhe an einer Bergflanke entlang durch ein herrliches Tal. Vereinzelt erhascht man einen Blick auf die weit unter einem liegende Landstraße, auf die man kurz vor Molinaseca trifft. Empfangen wird man in dem Ort von einer Kirche. Eigentlich ist es eine Ermita, also übersetzt eine Einsiedelei. In Deutschland würde man vermutlich Kapelle sagen, wenn auch eine sehr Große, aber Kapelle ins Spanische übersetzt, ist ein Orchester. Und so muss man sich halt damit anfreunden, dass hier eine Einsiedelei durchaus etwas Christliches sein kann.

Mich interessiert jetzt aber nur noch ein Frühstück und das finde ich in der Bar eines kleinen Hotels am Ende des Ortskerns. Ein klein wenig unter Straßenniveau hat die Bar schon fast etwas von einer Kellerkneipe. Hohe Tische mit entsprechend hohen Stühlen unterstützen den Eindruck und geben dem Ganzen etwas urig Gemütliches. Seltsam wird es, als ein Pilger vor mir auftaucht und „ Ah! Ein Spätaufsteher!" sagt. Verdutzt schaue ich mich um. Vielleicht steht da ja jemand hinter mir, den ich zuvor nicht bemerkt habe, aber ich schaue ins Leere. Wieder nach vorne gewandt, stelle ich fest, dass der Mann mir in die Augen schaut. Er meint tatsächlich mich. Ich weiß zwar nicht, wie er darauf gekommen ist, dass ich Deutsch kann, aber irgendetwas muss mich wohl verraten haben. Freundlich, wie ich nun mal bin, sage ich ihm, dass ich ja letzte Nacht in El Acebo geschlafen habe und schon acht Kilometer gelaufen bin. Sein Gesichtsausdruck wird daraufhin ein wenig seltsam-nachdenklich. Unvermittelt dreht er sich um und geht zu einer Gruppe auf der anderen Seite des Raumes. Nicht einmal verabschiedet hat sich dieser seltsame Kerl. Ich vermute mittlerweile, dass es sich um eine frisch zusammengewürfelte deutsche Gruppe einer organisierten Pilgerreise handelte und die Teilnehmer sich noch nicht so gut kannten. Die haben hier in dem Hotel vermutlich übernachtet, gefrühstückt und sind anschließend packen gegangen, um sich danach hier zum Abmarsch zu treffen. Wenn ich dazu gehört hätte, wäre ich tatsächlich ein Spätaufsteher gewesen.

Der weitere Weg nach Ponferrada ist angenehm flach und entsprechend gut zu laufen. Über Felder und durch die eine oder andere Ortschaft hindurch ist die Landschaft heute eher langweilig. Meine Frau will mich heute zu Höchstleistungen anstacheln und liebäugelt, nachdem ich ja schon so früh gestartet bin, mit Villafranca del Bierzo als heutiges Ziel. Das sind 40 Kilometer. Engelsgleich weist sie mich darauf hin, dass ich ja schon in den letzten drei Tagen jeweils 30 Kilometer gelaufen wäre und es an der Zeit sei, das Pensum zu erhöhen. Humor hat sie.

In der Templerburg hole ich mir nur einen Stempel ab. Nach Besichtigungen ist mir nicht zumute und außerdem brauche ich einen Geldautomaten. Nicht weit von der Templerburg entfernt ist ein Platz, der alles hat, was das Herz begehrt. Restaurants, Bars, Cafés, sogar eine schöne Kirche steht dort. Einen Geldautomaten suche ich aber leider vergeblich. Also hole ich mein Handy heraus und suche nach Geldautomaten in der Nähe und hier am Platz gibt es tatsächlich keinen. Und auf dem Jakobsweg gibt es so schnell auch keinen. Also lasse ich mich von der App zu einem Automaten führen, der nicht zu weit von dem eigentlichen Weg entfernt ist, hole mir Geld und finde dank der Jakobsweg-App auch wieder auf selbigen zurück. An der Kreuzung, an der ich wieder auf den Weg treffe, steht vollkommen verloren, ein amerikanischer Pilger. Seine Gesichtszüge hellen sich regelrecht auf, als er mich als Pilger identifiziert. Er glaubt, dass er sich verlaufen hat, da er keine Wegsymbole mehr findet. Ich suche erst gar nicht nach den Wegsymbolen, sonder zeige ihm anhand der App den Verlauf des Weges. Glücklich wie er ist, will er mich ein Stück begleiten. Auch der Hinweis, dass ich recht schnell laufe, da ich heute noch nach Villafranca del Bierzo möchte, hält ihn nicht ab. Er quittiert das nur mit dem Hinweis, dass auch er schnell laufen würde. Unterwegs stelle ich fest, dass auch ich hier keine Markierungen für den Weg sehe, was aber egal ist, da ich ja weiß, dass es hier schnurgeradeaus geht. Nach etwa 15 Minuten muss sich mein Begleiter eingestehen, dass ich dann wohl doch ein zu hohes Tempo habe, und er bräuchte jetzt erst einmal einen Kaffee. So verabschieden wir uns und ich ziehe weiter. Ich will vor allem raus aus der Stadt. War ich gerade noch in der schönen Bergwelt und den Dörfern mit Natursteinhäusern, den vorgelagerten Balkonen und dem einfach unglaublichen Charme, stößt mich diese Stadt regelrecht ab. Andererseits hat mich der Ehrgeiz gepackt. Wenn ich bis nach Villafranca komme, kann ich morgen früh ausgeruht auf den Camino duro starten und meiner Frau kann ich ein schlechtes Gewissen machen, dass sie mich so weit getrieben hat.

Kurz vor Mittag komme ich an einer etwas anderen Bar vorbei. Es ist quasi ein kleiner Kiosk mit einer Garage, in der Tische und Stühle stehen. Die Wände spiegeln den Jakobsweg in Form von Bildern wider und nicht wenige Pilger haben an den Wänden Grüße, Sprüche oder Wünsche hinterlassen.

Von da an geht es durch eine etwas fruchtbarere Gegend, ein Acker reiht sich an den Nächsten. Die Dörfer sind teilweise eher vereinzelt auf den Feldern stehende Häuser, diese aber in Mengen. So erscheinen die Dörfer zwar flächenmäßig groß, aber die Einwohnerzahl ist wohl doch eher kleiner. Nach dreißig Kilometern fängt es an, hart zu werden. Der Wille ist nach wie vor ungebrochen, aber der Körper wird langsam ein wenig lustlos. Zudem bedecken immer mehr Wolken das Firmament und der Wind frischt deutlich auf und kommt, wie sollte es anders sein, natürlich von vorne.

Kurz vor Villafranca treffe ich auf ein Filmteam, dass anscheinend eine Frau begleitet. Wie es aussieht, besprechen die gerade irgendeine Scene und so kann ich vorbeigehen, ohne Gefahr zu laufen, mit auf dem Film zu sein. So wie die Dame aussieht, pilgert sie aber nicht, sondern fährt mit dem Team bestimmte Stellen ab und macht dort diverse Aufnahmen. Das passiert jedes Jahr aufs Neue. Der Jakobsweg ist nun mal ein Wirtschaftsfaktor und dementsprechend wird immer wieder mehr oder weniger intensiv über ihn berichtet.

Als ich nach fast elf Stunden die ersten Häuser von Villafranca erreiche, ist der Himmel komplett zugezogen und die Windböen sind so stark, dass ich mich regelrecht dagegen lehnen muss. Übernachten werde ich heute in einem ehemaligen Convent. Die Dame an der Rezeption bietet mir das letzte Bett in einem Vier-Bett-Zimmer für 8,50 Euro an. Es sei das Letzte in einem kleinen Schlafraum. Sie zeigt dabei auf ihren Belegungsplan und tatsächlich steht auf drei Betten ein Name und eins ist noch frei. Das Sieben-Bett-Zimmer kostet aber nur fünf Euro und so will ich dort ein Bett haben. Die Dame versucht noch einmal, mir das kleine Zimmer schmackhaft zu machen, hat aber keine Chance. Zum einen macht es mir nichts aus in einem Sieben-Bett-Zimmer zu schlafen und zum anderen habe ich auf ihrem Plan gesehen, dass das große Zimmer noch komplett leer ist.

Unter der Dusche trällere ich wieder mein heutiges Dauerschleifenlied „Aloha Heja He" von Achim Reichel und freue mich, dass ich es heute so weit geschafft habe.

Allerdings bin ich derart fertig, dass ich das Waschen der Wäsche heute ausfallen lasse. Nach einem kleinen Rundgang in dem Convent und dem Betrachten der Wand- und Deckengemälde, gehe ich etwas essen. Das Restaurant in dem Convent ist leider geschlossen, und so muss ich zum Marktplatz laufen. Dort finde ich ein Burger-Restaurant, welches tatsächlich Pilgermenüs anbietet. Nicht ganz so üppig wie in einem normalen Restaurant, aber immerhin kann man zwischen drei Burgern wählen.

Vom Bett aus, ich bin nämlich immer noch alleine in dem Zimmer, telefoniere ich noch mit meiner Frau. Die Länge des Telefonates hält sich allerdings in Grenzen, da ich derart erschöpft bin, dass ich nur noch schlafen möchte. Laut meinem Schrittzähler waren es heute 54619 Schritte. Da darf man auch mal müde sein.

Um sieben Uhr stehe ich gemütlich auf. Stress war gestern, heute mache ich mich mal etwas bedachter auf den Weg. Ganze 350 Meter habe ich vor mir, bevor ich mich entscheiden muss. Direkt hinter der Brücke über den Rio Burbia ist eine Weggabelung. Der offizielle Weg führt weiter gerade aus und die Alternative zweigt nach rechts ab. Hier hat die Alternative mit „Camino Duro" sogar einen Namen, was übersetzt „harter Weg" heißt. Hart soll dabei vor allem der Aufstieg sein. Da die Hauptroute keine sonderliche Steigung aufweist, rechne ich mit einem harten Abstieg. Die Strecke dazwischen soll dafür sehr schön sein.

Die Hauptroute führt durch ein Tal. Auf der einen Seite der Rio Volcarce, auf der anderen Seite die Nationalstraße und als kleines Schmankerl verläuft über einem eine Autobahn. Bis vor einigen Jahren wurde die Strecke noch als lebensgefährlich beschrieben, aber mittlerweile hat zum einen der Verkehr auf der Nationalstraße stark abgenommen, da dieser nun über die Autobahn rollt, und zum anderen wurde ein Gehweg mithilfe einer Betonmauer abgegrenzt. Man läuft also nicht mehr Gefahr, überrollt zu werden.

An der Abzweigung angekommen, muss ich mich nun entscheiden. Der Himmel ist wolkenlos, ich mag die Natur und schon geht es für mich bergauf. Und wie es bergauf geht. Allein auf den ersten 500 Metern klettert man 100 Meter hoch. Nach etwa einem Kilometer ist die durchschnittliche Steigung von 20 Prozent auf 15,5 Prozent gefallen und nach etwa 3,5 Kilometern ist man endlich oben. Ich bin heute nicht der Einzige, der sich für die Alternative entschieden hat, aber von den Pilgern, denen ich begegne, eindeutig der Älteste. Und der Langsamste dazu. Das liegt aber nicht an mangelnder Kondition, sondern an der Natur. Blumen über Blumen, eine schöner als die andere. Mal sind es große blühende Büsche, an denen man vor lauter Blüten kaum noch etwas Grünes sieht, dann sind es kleine zarte Pflänzchen, die zwischen Steinen Halt suchen und als ich meinen

Blick endlich von den ganzen Blumen lösen kann, ist da dieser Ausblick in das Tal.

Auf der einen Seite sieht man noch die letzten Häuser von Villafranca und ansonsten einen Berg neben dem anderen. Dazwischen liegt das Tal mit der Hauptroute und der darüber verlaufenden Autobahn. Was bin ich so froh, dass das Wetter gut ist und ich hier oben laufen kann. Regen wäre vermutlich auch noch erträglich, bei Sturm wollte ich hier oben aber eher nicht sein. In meinem Fall war es definitiv die richtige Entscheidung, den Camino Duro zu gehen.

Nach etwa 7,5 Kilometern kommt man in die Nähe eines Dorfes, in dem man auch übernachten kann. Da es aber noch viel zu früh ist, folge ich nicht dem Wegweiser zum Dorf, sondern den Pfeilen in die Kastanienplantagen. Während der Weg anfangs noch gut zu erkennen ist, verläuft er sich mit der Zeit und irgendwann stehe ich auf einer grünen Wiese mit Kastanienbäumen. Das ist zwar schön anzusehen, aber man sieht halt so gar nichts mehr von dem Weg. Weder Pfeile noch Trampelspuren sind zu erkennen. Ein kurzer Blick in die App sagt mir, dass ich einfach nur gerade aus laufen muss und nach etwa 200 Metern habe ich schließlich den Weg gefunden, der von hier oben wieder in das Tal führt. Wie ich es befürchtet hatte, hat es auch der Abstieg in sich. Ein 15-prozentiges Gefälle mit einer Länge von zwei Kilometern finden meine Knie, trotz des reichlichen Einsatzes der Trekkingstöcke und des ganzen Trainings der letzten Wochen, nicht wirklich gut. Der Abstieg endet in dem kleinen Ort Trabadelo und die erste Gelegenheit, eine Pause zu machen, lässt dankenswerter Weise nicht lange auf sich warten. Wenn meine Knie reden könnten, so würden sie in diesem Moment nicht endende Dankesreden halten.

Leider erspart man sich durch den Camino Duro nicht den gesamten Weg durch das Tal. Kurz hinter Trabadelo geht man erst unter der Autobahn durch und hechtet anschließend über die Nationalstraße, um daraufhin noch etwa vier Kilometer an dieser entlang zu gehen. Schön ist das nicht, aber ich habe die Strecke überlebt. Auch wenn man die Nationalstraße hier verlässt, um auf einer Nebenstrecke zu laufen, so folgt man dem Tal noch etwa sechs Kilometer. Allerdings lässt einen der Abstand zu der Nationalstraße diese schnell vergessen.

Über die kleine Landstraße geht es durch mehrere Ortschaften, in denen, wie überall entlang des Weges, einfallsreiche Menschen wohnen. Hier bietet ein Pferdebesitzer seine Dienste, das heißt eigentlich die Dienste seiner Pferde an. Wer möchte, kann diese hier gegen eine kleine Gebühr ausleihen und dann bis nach O Cebreiro reiten. Das wäre der gesamte Aufstieg, den man sich damit ersparen würde. Kurz überlege ich, ob ich das Angebot annehme, da meine Beine heute schon sehr früh die Lust verlieren, weitere Leistungen zu vollbringen. Aber zum einen mag ich Pferde nicht sonderlich, da ich als Jugendlicher schon zweimal abgeworfen wurde, und außerdem will ich ja die gesamte Strecke laufen. Verführerisch ist das Angebot trotzdem.

Der Weg nach La Faba lässt schon erahnen, wie es in den nächsten Tagen weitergehen wird. La Faba ist der letzte Ort in der Region Kastilien und León und Galicien ist bekannt dafür, dass es eher feucht ist. So geht man hier schon beinahe durch einen Baumtunnel. Alles rundherum ist frisch und grün. Auf der Bergseite des Weges wachsen Farne und andere feuchtigkeitsliebende Pflanzen. Zum Camino Duro am Vormittag, mit seinen Pflanzen, die auf kargen Steinböden wachsen müssen, ist das ein extremer Unterschied.

La Faba ist heute mein Platz zum Übernachten. Ich habe zwar nur 24 Kilometer geschafft, aber nach den 40 Kilometern von gestern und dem Camino Duro heute, reicht mir das. Heute gehe ich nicht in die erste Bar, sondern in die erste Herberge. Diese steht direkt neben einer ehemaligen Kirche und könnte das dazugehörige Pfarrhaus gewesen sein. Geführt wird die Herberge von einem Verein aus Stuttgart. Es ist schon lange her, dass eine Anmeldung so einfach war. Die Regeln dieser kirchlichen Herberge sind schnell erklärt und so kann ich dann mein Bett im großen Schlafraum beziehen. Und auf wen trifft man in einer deutsch geführten Herberge? Natürlich auf Deutsche.

Die sprechen mich auch prompt auf mein T-Shirt mit der Aufschrift „Berufsfeuerwehr" an. Schnell stehen wir zu sechst zusammen und stellen fest, dass wir außer dem Pilgern noch eine weitere Gemeinsamkeit haben. Alle sechs lästern wir gerne und alle haben wir das in den letzten Wochen vermisst. So holt jeder weit aus und es wird über alles und jeden gelästert. Das gestellt empörte Gesicht wird von einem zum anderen gereicht, jeder bekommt es mal ab und letztendlich sind wir alle am Lachen. Es ist richtig schön, mal wieder ungezwungen und ohne nach Übersetzungen zu suchen, reden zu können.

Nach dem abendlichen Waschen und Duschen gehe ich nach La Faba, um etwas zu essen. In einem kleinen Restaurant warte ich darauf, dass Abendessenszeit ist, und schreibe meine Notizen. In der offenen Küche steht die Tochter des Wirts am Herd und kocht eine Kürbis-suppe. Als der Vater die Suppe probiert, kommt es zu einer Diskussion und auf einmal steht vor mir ein Teller mit der Suppe und ich soll probieren. Gespannt beobachten mich Vater und Tochter und erwarten mein Urteil. „Da fehlt ein bisschen Salz" war nicht das, was die Tochter hören wollte. Der Vater lacht und sagt mir, dass seine Tochter ihm das nicht glauben wollte.

Nach einem Crêpe und einem Hamburger, der mit einem Vollkornbrötchen gemacht wurde, kehre ich zurück in die Herberge und komme gerade noch rechtzeitig für die Abendandacht, die hier bei freiwilliger Teilnahme angeboten wird. Eine besondere Ehre ist es, die Glocke zu läuten, die zur Andacht ruft. Dies geschieht hier noch althergebracht mit einem Zugseil und die auserwählte Pilgerin freut sich wie ein kleines Kind, dass sie lLäuten darf. Nach dem Gottesdienst mache ich ein Foto mit der hiesigen Pilgerstatue, telefoniere mit meiner Frau und falle dann in mein Bett. Ich schlafe so schnell ein, dass ich mich nicht einmal daran erinnern kann, ob ich mich zugedeckt habe.

Stirnlampen sind eine herausragende Erfindung. Mit einem Gummiband am Kopf befestigt, leuchten sie immer dahin, wo man den Kopf hindreht. Es ist faszinierend zu sehen, wo die Leute beim Packen ihrer Rucksäcke überall hinschauen. Nur halb so fasziniert ist man, wenn man eigentlich schlafen möchte, es aber wegen der ganzen Stirnfackeln, die immer wieder über einen hinweghuschen, nicht kann. So gebe auch ich an dem Morgen meine Weiterschlafversuche entnervt auf und fange an zu packen. Noch vor dem einen oder anderen, der mich geweckt hat, bin ich schon unterwegs. Wie erwartet, ist der Weg eine einzige lange Steigung und ich bin froh, dass ich diese gestern nicht mehr angegangen bin.

Im nächsten Ort läuft ein Hund frei herum. Auch dieser Hund hier ist definitiv kein Streuner. Das hält ihn aber nicht davon ab, zu jedem Pilger zu laufen, sich auf den Rücken zu werfen und so zu schauen, als hätte er seit mindestens drei Jahren keine Streicheleinheiten mehr bekommen. Auch Konstanze, eine der Deutschen vom gestrigen Abend, erbarmt sich und knuddelt den Hund durch. An der Bar des Ortes sitzt neben zwei Rucksäcken ein Schäferhund. In Sitzposition an die Wand gelehnt, macht er den Eindruck, als würde er jeden Moment einschlafen. Nach dem Frühstück sehen wir noch einen dritten Hund. Dieser ist beinahe noch ein Welpe und läuft stolz wie Oskar mit einem Gummistiefel im Maul über den Hof.

Die Grenze zu Galicien ist mit einem großen Wappenstein gekennzeichnet. Ab hier ist der Weg mit Steinsäulen markiert. Auf diesen befindet sich die Jakobsmuschel als Symbol des Weges, ein gelber Pfeil, der die Richtung nach Santiago vorgibt, und die Kilometerangabe, wie weit es noch bis zur Kathedrale von Santiago ist. Es gibt drei mehr oder weniger berühmte Steine. Der Erste, der hier an der Grenze steht und jeden in Galicien willkommen heißt, der 100-Kilometer-Stein, der die magische Grenze für die Urkunde markiert und den 0-Kilometer-Stein. Letzterer steht allerdings nicht, wie man meinen könnte, an der Kathedrale von Santiago, sondern am Leuchtturm von Fisterra. An der

Kathedrale gibt es eine Platte, die im Boden auf dem Platz vor der Kathedrale eingelassen ist.

Ein paar Laufminuten nach der Grenze steht das Dorf O Cebreiro. In einem der Geschäfte schaue ich mich kurz um. Meine Frau hätte gerne ein Mitbringsel, möchte aber nichts, was mit dem Jakobsweg zu tun hat. Das wird verdammt schwer. Das Geschäft verlasse ich genauso schnell wie den Ort. Dieser kommt mir wie eine Touristenhochburg vor und ich bin, warum auch immer, total genervt. Nachträglich betrachtet, hätte ich wenigstens in die Kirche gehen sollen, dafür ist es aber jetzt zu spät.

An dem Pass Alto do Poio steht eine Bar, die hier einen hervorragenden Service anbietet. Getränke, Essen und Sitzmöglichkeiten. Hervorragend ist es, weil man gerade eine anstrengende Steigung hinter sich gebracht hat. Ich nutze alle drei Teile des Serviceangebotes und setze mich vor der Tür an einen Tisch, der etwa 70 Zentimeter hoch ist. Das ist keine ungewöhnliche Höhe, eher ist es sogar vollkommen normal, dass ein Tisch 70 Zentimeter hoch ist. Aber der Hund, der hier mit traurigem Blick von Tisch zu Tisch geht, reicht mit seiner Schulter leicht über die Tischkante hinaus. Er geht von Tisch zu Tisch, bleibt immer ein Stück davor stehen und schaut die Pilger an. Tief sitzende Schlappohren und ein unglaublich trauriger Blick lassen das Herz erweichen. Aber nicht nur der Hund der Bar läuft hier frei herum, sondern auch ein Huhn. Mit einem dauerhaften „buook, buok, buok, buok" läuft es unter den Tischen entlang und sucht nach Brotkrumen. Und wenn wir gerade bei Hühnern sind, gleich noch eins der eher seltsameren Phänomene des Jakobsweges.

Während ich an dem Tisch sitze und die letzten Schlucke meiner Cola trinke, fährt ein Bus vor und öffnet die Türen. Als wenn man morgens einen Hühnerstall öffnet, damit die Hühner hinaus können, strömen hier Pilger aus dem Bus und stürmen sofort zu dem vordersten Tisch der Bar. Dort befindet sich der Stempel der Bar und diesen drücken sich diese Buspilger gerade fleißig in ihre Pilgerpässe. Es sind so viele, dass zwischendurch sogar die Stempelfarbe nachgefüllt wird. Kaum ist der Letzte fertig, zieht die Truppe schnatternd los. Nachdem ich meine Cola ausgetrunken habe, bringe ich mein Geschirr wieder rein und begebe mich wieder auf den Weg.

Im nächsten Ort treffe ich die Gruppe wieder. Sie steht vor einer Herberge und bekommen gerade etwas erklärt. Ich vermute, dass die alle in Hotels schlafen und hier nun erklärt bekommen, unter welchen Strapazen der gewöhnliche Pilger die Nächte verbringt. Ich drücke mich hinter der Gruppe vorbei, laufe weiter und stoße auf Carmen. Endlich mal eine Berühmtheit. Nachdem ich Maria kurz vor Logroño schon verpasst habe, bekomme ich hier von der alten Dame einen Pfannkuchen angeboten. Natürlich wird dafür eine Spende erbeten, wobei das Erbeten wohl auch recht intensiv werden kann. Ich nehme einen Pfannkuchen und bekomme für einen Euro noch ein herzliches Lächeln dazu.

Von hier aus geht es über zehn Kilometer nur noch ganz sanft bergab. Ich trällere „Santa Maria" von Roland Kaiser, freue mich über die Natur, laufe durch Schluchten und über Weiden und komme nach zwei Stunden in Triacastela an.

Die Herberge, die wieder mal meine Frau für mich ausgesucht hat, ist relativ neu und entsprechend angenehm. Und heute nutze ich mal wieder eine Waschmaschine und einen Trockner für meine Wäsche. Während meine Kleidung so ihre Runden dreht, vervollständige ich meine Notizen. Dabei fällt mir doch tatsächlich mein Headset in die Hände. Als ich in Villafranca meine Sachen gepackt habe, hatte ich die Suche danach aufgeben müssen und vermutet, dass es sich trotzdem irgendwo im Rucksack befindet. Seitdem musste ich beim Telefonieren immer das Telefon in der Hand halten. Dieser Umstand ließ die Gespräche, die ich vormittags mit meiner Frau führte, immer recht kurz ausfallen. Wenn ich nur geahnt hätte, dass ich das Ding in das Brillenetui gelegt hatte. Wenigstens muss ich mir nun doch kein Neues kaufen.

Während ich auf meine Wäsche warte, betreten die fünf Deutschen aus La Faba die Herberge. Das wird spaßig. Nicht nur weil die Truppe lustig ist, sondern alleine schon deshalb, weil sie schon angetüdelt ist. Um 19 Uhr gehen wir gemeinsam essen. Auffällig ist, dass man hier relativ nahe an Santiago, nicht mehr ganz so höflich behandelt wird. Auch versucht man, etwas sparsamer zu sein. Üblicherweise bekommt man zu einem Pilgermenü eine halbe Flasche Wein oder Wasser. Während man mancherorts gerne auch mal eine ganze Flasche dazu bekommt, werden uns hier für sechs Personen eine Flasche Wasser und eine Flasche Rotwein auf den Tisch gestellt. Das will Konstanze sich nicht bieten lassen und fängt mit dem Kellner eine Diskussion an. Was kann die zickig sein, aber das hätte ich mir ja denken können, schließlich ist sie Frauenbeauftragte. Entschuldigung. Gleichstellungsbeauftragte. Was soll ich sagen? Wir bekommen die zweite Flasche Wein.

Nach dieser Diskussion muss die Flasche natürlich auch leer werden. Wir schauen rundherum in ein Gesicht nach dem anderen, und alle lehnen ab. Also zu zweit. Dummerweise äußere ich, dass ich Ahnung davon habe, wie viel Arbeit der Job einer Gleichstellungsbeauftragten macht. Das scheint bei Konstanze ein wunder Punkt zu sein, denn sie holt nur noch einmal Luft und die nächsten Minuten darf ich mir anhören, wie wenig ich doch weiß und wie viel Arbeit es tatsächlich ist. Der Haken ist, dass ich das alles tatsächlich weiß, weil ich erst vor ein paar Wochen mit der Gleichstellungsbeauftragten in meinem Amt geredet habe. Ich war nämlich neugierig und habe mir die Aufgaben sowie die damit verbundene Arbeit erklären lassen. Das jetzt aber einer in Rage geredeten, gut angeheiterten Gleichstellungsbeauftragten namens Konstanze zu erklären, erscheint mir sinnlos. Als sie eine kurze Pause macht, stoße ich mit ihr an und sie hat auf einmal alles vergessen, was los war. Zumindest habe ich den Eindruck, da sie lacht und was ganz anderes erzählt. Zurück in der Herberge hilft nur eins: schnell einschlafen.

Der Weg wandelt sich

Gut schlafen ist etwas anderes. Ich werde sehr früh wach und schleiche mich aus dem Raum, um duschen zu gehen. Genauso leise schleiche ich noch einmal rein, um meine Sachen zu holen. Beim Verlassen des Raumes passe ich nicht auf und die Tür knallt hinter mir zu. Da hätte ich mir die Schleicherei auch sparen können. Wenigstens kommt einer nach dem anderen raus, um auf die Toilette zu gehen, und ich habe die Möglichkeit, mich von ihnen zu verabschieden.

Kaum, dass ich fünf Minuten unterwegs bin, hasse ich diesen Tag. Ich habe keine Lust und trotte vor mich hin. Ich hoffe auf ein aufbauendes Telefonat mit meiner Frau, bekomme während des Telefonats aber eher den Eindruck, dass sie persönlich hierher kommt, um mich heim zu prügeln, wenn ich nicht in die Gänge komme. Um das ganze Szenario noch zu unterstützen, regnet es leicht. Vielleicht habe ich mir das mit der Sauferei gestern Abend auch einfach nur verdient. So hoffe ich auf ein wohltuendes Frühstück, muss jedoch feststellen, dass es hier keine Bars gibt. Vereinzelt steht hier das eine oder andere Haus sowie ab und zu mal ein Bauernhof. Erschwerend kommt hinzu, dass ich dringend mal eine

Toilette bräuchte. Aber wenn mal ein Hinweisschild auf eine Bar kommt, hängt darunter ein Schild mit dem Hinweis, dass die Bar geschlossen hat.

Ich bin nur froh, dass der Regen bald aufgehört hat. Die Natur ist hier wunderschön und man erkennt sofort, dass es hier, dank der häufigen Niederschläge, nicht an Wasser mangelt. Überall wachsen Farne und andere feuchtigkeitsliebende Pflanzen. Steine wie auch Wurzeln sind stark bemoost und immer mal wieder passiert man Bäche. In der Regel aus Wasser und einmal einer aus Milch. Ich habe keine Ahnung warum, aber aus dem Hof eines landwirtschaftlichen Betriebes kommt ein Milchbach heraus geflossen. Wirklich Gedanken kann ich mir darum aber nicht machen, denn ich habe es mittlerweile verdammt eilig. Nach zehn Kilometern kommt endlich die Erlösung! Erst die Toilette, dann das Frühstück. Und als wolle der Weg mir zeigen, wer hier das Sagen hat, kommt jetzt eine kleine Ortschaft nach der anderen und fast jede davon hat eine Bar. Hatte ich schon erwähnt, dass ich diesen Tag hasse?

Während man hier im Moment fast ausschließlich an Ansammlungen von Häusern vorbei kommt, Dörfer kann man das hier nicht wirklich nennen, erwartet mich heute der beliebteste Startpunkt auf dem Camino Francés. Die Stadt Sarria befindet sich 115 Kilometer vor Santiago und verfügt sowohl über einen Bahnhof, als auch über einen Busanschluss. Von hier bis zum

100-Kilometer-Punkt ist das quasi einmalig und somit starten hier ungemein viele Pilger. Ein klein wenig Training und man schafft den Weg bis nach Santiago locker innerhalb von vier Tagen. Das macht diese Tour für Kurzurlauber sehr beliebt. Gerüchteweise bekommt man im Job kleine Vorteile, wenn man die Pilgerurkunde vorweisen kann. Die Gerüchte reichen dabei von Bevorzugung gegenüber anderen Bewerbern bis hin zu einem Urlaubstag mehr pro Jahr. Allerdings habe ich noch niemanden gefunden, der diese Gerüchte hätte bestätigen können.

Empfehlenswert im Zusammenhang mit Sarria ist die Übernachtung davor oder dahinter, da die hiesigen Herbergen durch das Einstiegsfenster sehr stark frequentiert sind.

Ich komme um die Mittagszeit hier an und suche ein Restaurant auf. Nachdem einen Platz in einer Nische gefunden habe, bestelle ich mir neben einer Cola auch einen Hamburger. Keine zwei Minuten später bestelle ich alles wieder ab, was den gestressten Wirt ungefähr so sehr interessiert wie meine Bestellung kurz zuvor. Auf dem Boden neben dem Tisch lag eine tote Kakerlake.

In einem gastfreundlicheren Lokal, ein kleines Stückchen weiter, in welchem ich der einzige Gast bin, bekomme ich eine leckere Pizza und werde zuvorkommend bedient. Nach dem Essen, was ich allein schon aufgrund der mir entgegengebrachten Höflichkeit mit einem guten Trinkgeld begleiche, verlasse ich das Lokal und hinter mir wird abgeschlossen. Mein Blick fällt auf die Öffnungszeiten, welche mir verkünden, dass es eigentlich bereits geschlossen hatte.

Am Ende von Sarria wartet noch ein kleines Highlight auf mich, denn hier gibt es eine Feuerwache. Wenn man nicht der Rettungskaste angehört, kann man das vielleicht nicht verstehen, aber eine Feuerwache muss man sich schon mal anschauen, wenn es sich denn ergibt. Hier habe ich tatsächlich die Möglichkeit, da sich gerade ein Feuerwehrmann auf dem Hof der Wache aufhält. Ich stelle mich kurz vor und er ist sofort begeistert, dass ich mir die Station ansehen möchte. Schnell sind alle Anwesenden zusammen getrommelt und es gibt nur noch ein Problem: die Sprache. Die Jungs hier können nur Spanisch und ich halt nur drei Brocken. Aber viel Körpersprache und eine Übersetzungsapp machen auch diese Kommunikation möglich. Um nicht zu sehr ins Fachliche abzugleiten, sei hier nur erwähnt, dass der Einsatzbereich dieser Wache einen Radius von etwa 50 Kilometern hat. Wer hier falsch wohnt, wartet unter Umständen fast eine Stunde auf Hilfe.

Ich laufe noch bis nach Barbadelo und kehre in die Herberge ein. Nicht einmal 23 Kilometer bin ich heute gelaufen und trotzdem reicht es mir für heute. So lustlos wie der Tag, gestaltet sich auch der Abend. Im Restaurant esse ich á la carte, weil ich schlichtweg keine Lust auf das Pilgermenü habe. Auch die Notizen kritzle ich mit wenig Elan in mein Büchlein.

Mein Plan schließt nach Santiago noch Fisterra und Muxia mit ein. Fisterra liegt drei Lauftage hinter Santiago und stellte für den damaligen Pilger das Ende der Welt dar. Von dort nahmen sie als Beweis der vollbrachten Pilgerreise eine Jakobsmuschel mit nach Hause. Von Fisterra aus gelangt man nach etwa 35 Kilometern nach Muxia, welches weiter im Norden liegt. Dort soll der Legende nach die Mutter Gottes an Land gegangen sein, um dem den Heiligen Jakobus bei der Missionierung der iberischen Halbinsel zu unterstützen. Danach soll es per Bus nach Santiago und dann per Flug nach Hause gehen. Soweit der Plan. Wäre ich heute in Santiago angekommen, wäre ich sofort heimgeflogen.

Das Schlimmste aber ist die Tatsache, dass ich mich mit niemandem unterhalten kann, da jeder mit sich selbst beschäftigt ist und aussieht, als würde er jeden fressen, der es wagt ihn anzusprechen. Ich scheine nicht der Einzige zu sein, der einen schlechten Tag hatte. Als ich in mein Zimmer gehe, liegen alle anderen schon in ihren Betten und schlafen. So verkrieche ich mich in mein Bett und knuddel mich an mein Plüschentchen.

Auf dem Jakobsweg nimmt man an Gepäck nur das mit, was man unbedingt benötigt. Dazu kommt lediglich noch das, wovon jeder andere sagen würde, dass man es nicht braucht. Oftmals sind es irgendwelche Schminkutensilien oder auch mal ein Buch zum Lesen. Bei mir ist es das Plüschentchen. Meine Frau hat es mir vor Jahren geschenkt, damit ich etwas zum Knuddeln habe, wenn ich ohne sie irgendwo übernachte. Und so habe ich diese Ente schon über 700 Kilometer durch Spanien getragen.

Gespannt bin ich auf den kommenden Morgen. Hier gibt es bereits ab sechs Uhr Frühstück und so darf man gespannt sein, wann das Packen beginnt.

Auf einer Autobahn schneide ich beim Überholen einen schwarzen BMW und stehe dann auf einmal in einem Raum. Ein Lichtschalter wird betätigt und ich sehe zu, wie eine Lampe anfängt zu glimmen. Sie wird immer heller, explodiert, und ich sehe, wie das Glas der Lampe zerbricht und sich anschließend immer weiter von der Lampe entfernt. Nach und nach explodieren alle Gegenstände in dem Raum und Zentimeter für Zentimeter bewegen sich die Bruchstücke der Einrichtungs-gegenstände fort. Ich habe gerade noch Zeit, mein Erstaunen zum Ausdruck zu bringen, bevor ich aus dem Schlaf hochschrecke. Es gibt nichts Schöneres, als nachts glockenwach im Bett zu liegen, wenn man weiß, dass die Nacht kurz sein wird.

Als ich gegen 7.30 Uhr starte, nieselt es leicht aber ausdauernd. Vorbei an aufgesetzten Mauern, entlang der zahlreichen Bäche und durch Siedlungen hindurch, die den Eindruck erwecken, man wäre im Mittelalter gelandet, führt der Weg zum Stein der Steine. Die

100-Kilometer-Markierung wird von den Pilgern regelrecht herbei gesehnt und leider sind viele der Meinung, dass sie diesen Stein verschönern müssten. Der gelbe Pfeil als Richtungsweiser musste bereits neu gestrichen werden, damit man ihn noch erkennt, und auch diese Fläche ist schon wieder beschrieben worden. Ich kann mich benehmen und mache hier lediglich eine Pause. Der Nieselregen hat sich, dankenswerter weise, doch nicht als so ausdauernd erwiesen, sodass ich meine Regenjacke wieder wegpacken kann. Von hier an versuche ich jeden Kilometerstein, dessen volle Kilometer-Zahl ich noch nicht habe, zu fotografieren. Diese Idee finde ich bis kurz vor Portomarin gut. Dort muss ich mich mal wieder für eine der Wegvarianten entscheiden. Da mein Pilgerführer von beiden neuen Routen abrät, entscheide ich mich für die alte Wegführung und kann dadurch leider keine Steine mehr fotografieren. Die alte Variante des Weges erspart mir einen halben Kilometer Hauptstraße. Da wäre zwar eine Herberge gewesen, aber ich will ja noch laufen und erleide somit keinen Verlust.

Über eine Brücke führt der Weg auf die andere Seite des Stausees, von wo aus man dann das Städtchen Portomarin über eine Treppe erreicht. Nach der Kapelle am oberen Ende der Treppe hat man, zumindest gefühlt, auch schon alle Sehenswürdigkeiten des Ortes gesehen. In Anbetracht dieser Tatsache, könnte man genauso gut am Fuß der Treppe links abbiegen und sich nicht nur die

Schleife durch den Ort, sondern auch ein paar Hundert Meter sparen. Da es aber kurz vor zwölf Uhr ist und der nächste Ort in acht Kilometer Entfernung liegt, möchte ich hier etwas essen. Das Einzige in Sichtweite befindliche Restaurant hat zur Mittagszeit leider ein eher spärliches Angebot, was aber zusammen mit einer Cola reichen muss.

Bis zu einer Burgruine ist das auch der Fall, dann fängt alles an zu schwanken. Mir wird ein wenig komisch zu Mute und ich fange an zu schwitzen. Ich brauche Zucker. Die Müsliriegel, die ich als Notreserve in meinem Rucksack habe, dürfen nun ihren Dienst versehen. Vielleicht hätte ich doch noch einmal irgendwo einkehren sollen. Schließlich war das Essen in Portomarin sehr mager ausgefallen. Nach einer kurzen Pause kann ich die letzten Kilometer bis nach Ventas de Narón in Angriff nehmen. Zur Unterstützung meldet sich auch mal wieder meine Jukebox und so geht es beinahe im Stechschritt, zum Radetsky-Marsch weiter.

Die Herberge wirkt familiär. Hier könnte es richtig lustig zugehen, aber dafür fehlen leider die passenden Mitmenschen. Die Einzigen, die ich, abgesehen von den Betreibern sehe, sind ein paar Engländer, die im selben Zimmer wie ich schlafen. Die scheinen kurz vor mir hier angekommen zu sein und diskutieren gerade sehr wichtige Themen aus, während sie ihre Betten überziehen. Thema Nummer eins ist die Reihenfolge, in der geduscht wird. Während die Gruppe diskutiert, lege ich meinen Schlafsack auf das Bett, nehme meine Waschsachen und gehe schon mal duschen. Als ich zurückkam, wurde bereits ein weiteres wichtiges Thema aufgerufen. Es geht darum, wie man vorhandene Blasen verarztet. Diese Diskussion wird dann in die weitere Streckenplanung übergeleitet. Bei der Aussage, dass 16 bis 17 Kilometer an einem Tag verdammt viel wären, hätte ich beinahe laut gelacht.

Ich beschließe, dass es besser ist, wenn ich im Gastraum auf das Essen warte, und nehme mein Notizbuch mit. Zu einem Bier bekomme ich von der Wirtin noch ein paar Salzstangen und so kann ich gemütlich meine Notizen vervollständigen. Das Abendessen nehme ich am selben Platz ein, was dann schon ein wenig einsam ist, aber die Truppe, die in meinem Zimmer schläft, ist zu sehr mit sich selbst beschäftigt und da möchte ich mich nicht aufdrängen. Nach dem leckeren Essen genieße ich noch den kleinen Vorplatz der Herberge. Zigarette ist ja jetzt nicht mehr, also wird mit den Augen die Landschaft genossen. Auf der gegenüberliegenden Weide grasen einige Schafe und die wenigen Häuser dieser Ortschaft versperren kaum den Blick auf die sanften grünen Hügel. So stehe ich einfach nur da und lasse die Umgebung auf mich wirken, biss es Zeit wird das Bett aufzusuchen.

Am Morgen schleiche ich mich aus dem Zimmer und ziehe mich, nachdem ich gewaschen bin, auf dem Flur an, um die Truppe nicht zu wecken. Erst als ich meine Sachen aus dem Zimmer hole, stehen sie auf. Eine der Damen schaut als Erstes nach draußen und ist enttäuscht, dass es regnet. Ich stocke kurz und überlege, ob ich die Regenhose anziehen soll, entscheide mich dann aber dagegen. Beim Verlassen der Herberge gerate ich ins Zweifeln, ob die Gruppe aus meinem Zimmer wirklich aus England kommt, denn es herrscht Nebel und den Unterschied zwischen Regen und Nebel sollte ein Engländer kennen. Nach dem Frühstück gegen acht Uhr fängt es dann aber an zu nieseln. Zunächst denke ich an niederschlagenden Nebel, aber ab und zu geht das Nieseln dann doch mal kurzzeitig in leichten Regen über. Da der Regen nach dem Frühstück angefangen hat, probiere ich um zehn Uhr aus, ob dieser nach einem zweiten Frühstück wieder aufhört. Was soll ich sagen? Kurz nach der Pause hört es tatsächlich auf zu regnen. Es kommt zwar keine Sonne raus, aber kein Niederschlag reicht mir vollkommen.

Hinter Plalas de Rei betrete ich das erste Mal einen Eukalyptuswald. Natürlich mache ich das, was vermutlich alle machen, wenn sie das erste Mal einen solchen Wald betreten und was auch einen bleibenden Eindruck vermittelt. Ein Atemzug mit geschlossenen Augen lässt einen alles vergessen. Heute ist der Eukalyptusduft nicht sonderlich präsent und er ist von Feuchtigkeit durchzogen, aber es ist trotzdem angenehm. Einen Haken gibt es dann aber doch. Es gibt keine Eukalyptuswälder in Galicien.

Es handelt sich um Plantagen. Der Diktator Franco kam auf die Idee, diese Bäume anzupflanzen, um die Zellulose-Industrie beliefern zu können. Der hier gepflanzte Eukalyptus wächst beträchtlich - fast 30 Meter in zehn Jahren, das ließ so manchen Menschen von Reichtum träumen. Leider hat alles zwei Seiten und so werden Stimmen laut, die diese Plantagen abschaffen wollen, da sie die Natur zerstören. Ein Baum verbraucht bis zu 500 Liter Wasser am Tag und die herunter fallenden Blätter können nicht von Tieren gefressen werden. Koalabären gibt es in Spanien nämlich nicht. Andere Pflanzen haben unter den Bäumen keine Chance, da die Blätter des Eukalyptus deren Wachstum verhindern. Seitens der Natur haben die Plantagengegner mittlerweile Hilfe, in Form eines Pilzes bekommen. Dieser hat große Teile der Plantagen befallen und mindert den Gewinn. Trotz dieser Tatsachen freue ich mich über einen Eukalyptus am Wegesrand mit einem Stammumfang von etwa 120 Zentimetern.

Auf dem Jakobsweg finden sich mittlerweile viele ältere Pilger und selbst die jüngeren Pilger tragen lediglich einen kleinen Rucksack. Aber kaum ist man mal wieder an einer größeren Straße, steigen viele von ihnen in einen Bus. Nicht jeder nimmt es so genau mit dem Pilgern. Durch solche Hop on – Hop off - Fahrten ist man zwar immer noch drei Tage unterwegs, um die letzten 100 Kilometer zurückzulegen, aber es ist körperlich bei Weitem nicht so anstrengend. Natürlich könnte man auch die gesamte Strecke am Stück schaffen, wenn man mit dem Bus fährt, aber ganz so doof sind die Leute im Pilgerbüro in Santiago nun auch wieder nicht. Zwei Stempel pro Tag werden gefordert und wenn der erste Stempel aus Sarria stammt und man am selben Nachmittag in Santiago ankommt, können diese Leute eins und eins zusammenzählen. Und so legen diese besonderen Pilger pro Tag etwa 40 Kilometer zurück und kommen am dritten Tag in Santiago an. Kurz vor Melide sehe ich dann auch mal wieder eine Pilgergruppe, die gerade etwas erklärt bekommt, bevor sie geschlossen in die Bar strömt.

Ich kehre erst in Melide wieder ein. Ich habe zwar schon um acht Uhr und um zehn Uhr etwas gegessen, aber jetzt ist es zwölf Uhr und somit sind wieder zwei Stunden herum. Außerdem fängt es an zu regnen und meine Regenjacke ist schon im Rucksack.

In Melide gibt es die galicische Spezialität schlechthin. Pulpo, also gekochte Krake, ist schon beinahe legendär. Ich finde sogar das Restaurant schlechthin, wenn man diversen Berichten trauen darf, und kehre in das gegenüberliegende Burgerlokal ein. Ich habe nämlich keine

Lust auf Krake. Der Burger mit den Kartoffelecken schmeckt sehr gut. Gesättigt, gut gelaunt und dem Lied „Ultreia" auf den Lippen, nehme ich die letzten Kilometer des Tages in Angriff.

Die Herberge in Boente ist recht modern und im Schlafraum sind nur zehn Doppelstockbetten. Ein Klacks im Vergleich zu dem, was ich schon hatte. An der Türe zum Schlafraum hängt ein Schild mit der Aufschrift „Bitte lasst alte Pilger unten liegen", und das in mehreren Sprachen. Was bin ich doch so gerne alt! Ich muss aber zugeben, dass ich mich auch hochgelegt hätte. Dort war aber kein Platz mehr und so liege ich mit meinem eher durchschnittlichen Alter eben unten.

Nach dem Abendessen telefoniere ich wie immer mit meiner Frau. Auch wenn ich in der Zeit, in der ich unterwegs war, immer viel mit ihr telefoniert hatte, so vermisst sie mich mittlerweile sehr stark, was sie ungemein mitnimmt. Und so beschließe ich, Fisterra und Muxia auszulassen und von Santiago aus direkt nach Hause zu fliegen. Wirkliche Lust habe ich sowieso nicht mehr. Hier ist kaum noch jemand unterwegs, mit dem man einmal ein bisschen reden könnte und das gefällt mir gar nicht. Wenn man mal jemanden findet, bin entweder ich zu schnell unterwegs oder die anderen wollen alleine laufen. Das sehe ich ein. Gerade am Anfang wollte ich das auch, und zwar recht lange und hier haben die Pilger

Bügelfalten in den Hosen, ein eindeutiges Zeichen, dass sie noch nicht lange unterwegs sind.

So buche ich mir einen Direktflug von Santiago nach Frankfurt, der in drei Tagen geht. Am Tag zuvor müsste ich in Santiago ankommen und somit den Flug ohne Weiteres erreichen. Das Ticket kommt auch sofort auf mein Handy. Technik, die begeistert. Zumindest solange, bis ich den Namen auf dem Ticket sehe. Das ist nämlich nicht meiner, sondern der von meinem Handy-Account. Da habe ich wohl ein bisschen zu schnell durchgeklickt und so muss ich morgen früh mal telefonieren, damit das geändert wird.

Um 21 Uhr falle ich hundemüde ins Bett. Und war ich vor ein paar Stunden noch guter Dinge, dass ja nur zwanzig Leute in den Schlafraum passen, so bekomme ich nun gezeigt, dass wenig Leute nicht mit wenig Krach gleichzusetzen ist. Diejenigen, die da sind, scheren sich in keiner Weise darum, dass schon einige in ihren Betten liegen und plappern munter miteinander. Nachdem die gegen 22 Uhr auch endlich in den Betten liegen und das Licht aus ist, kann ich endlich schlafen. Zumindest für eine Stunde. Denn dann kommen ein paar Nachzügler in den Schlafraum, die anscheinend gefeiert haben. Denen ist schlichtweg alles egal. Licht an, lautes Gerede, nach mir die Sintflut.

Santiago, ich komme

Die Rache des kleinen Mannes kommt am Morgen. Kurz nach sechs Uhr stehe ich auf, mache meine Stirnlampe auf der hellsten Stufe an und fange auf das Übelste an zu packen. Kein Rascheln ist so laut, dass es nicht auch noch ein zweites Mal ertönen könnte. Aus der Ecke der Partypilger vernehme ich ein Murren. Auf diese Art angefeuert, schlappe ich Richtung Badezimmer. Welch ein Zufall, dass das Licht vom Bad außen einschaltet und anschließend den halben Schlafraum erhellt, wenn man die Türe öffnet. Gerade als ich in das Badezimmer gehen möchte, vernehme ich hinter mir ein Stöhnen. Ich kann einfach nicht anders, als mich umzudrehen. Da schaut mich doch einer von den späten Herrschaften von gestern Abend an. So wie der aussieht, könnte man glatt glauben, er hätte nicht genügend Schlaf bekommen. Als ich den Schlafraum mit meinem Rucksack verlasse, sind fast alle Pilger auf den Beinen. Ein schöner Tag. Sogar das Frühstück schmeckt hervorragend. Und dann vergesse ich zu bezahlen. Als ich mich von dem Wirt verabschiede, sagt er mir, was das Frühstück kostet, und ich fange an, Entschuldigungen zu stammeln. Ist mir das peinlich. Nachdem ich dann bezahlt habe, geht es wieder auf den Weg.

Die letzten beiden Etappen sind quasi vorprogrammiert. Heute 27,5 Kilometer und morgen die letzten zwanzig Kilometer. Immer wieder fällt mein Blick auf die Wegweiser, die ja die restlichen Kilometer bis nach Santiago anzeigen. Mit jeder Zahl verringert sich die restliche Distanz. Ein klein wenig mulmig wird mir schon zu Mute, wenn ich daran denke, dass es bald vorbei ist. Ich laufe einfach nur noch. So schön wie die Blumen am Wegesrand sind, so frisch wie der Eukalyptus riecht, man läuft mittlerweile sehr häufig durch Eukalyptusplantagen, es reizt mich nichts. Ich laufe einfach nur noch. Kurz bevor ich zum Frühstück einkehre, telefoniere ich noch mit meiner Frau. Sie freut sich, dass ich bald wieder bei ihr bin. Jetzt muss ich nur noch das mit dem Namen auf dem Flugticket klären.

Bis zum zweiten Frühstück bin ich ziemlich alleine unterwegs. Die Bar, in der ich meine Pause mache, ist eindeutig auf Massen ausgelegt und hat gar nichts mehr von dem Interesse und dem Engagement von den Bars vor Sarria zu tun. Hier wird regelrecht Stress ausgestrahlt und selbst ein „Danke" wird ignoriert. Ein kleiner Lichtblick lässt haufenweise Pilger aufspringen und ihre Kameras zücken. Eine Kuhherde wird an der Bar vorbei getrieben. Auch ich lasse mich dazu hinreißen, ein Foto davon zu machen. Schließlich habe ich so etwas zuletzt vor über dreißig Jahren gesehen.

Ich weiß nicht, wie ich es vor dem Frühstück geschafft habe, alleine auf der Strecke zu laufen. Jetzt habe ich vor und hinter mir regelrechte Horden. Modische Hüte, ein schickes tailliertes Jackett, einen Rucksack, der nicht einmal das Wort Daypack verdient, sondern eher dem schicken Aussehen dient, Regenschirm und Jeanshose ist das, was man aktuell auf dem Jakobsweg trägt. Mich wundert es, dass die Damen vor mir keine High Heels tragen, aber sie schlendern wie bei einem Spaziergang durch den Park. Da kommt mir die kleine Brauerei mit ihrem Lagerbier für Pilger gerade recht. Ein Fläschchen hole ich mir und setze mich in den Biergarten. Dieser Garten ist schon ein kleines bisschen anders. Umgeben ist er von einer Bierflaschenmauer, am Eingang steht ein Bierflaschenbaum und einen Bierflaschenstrauch gibt es auch. Dann wäre da noch ein Bierflaschentisch, -haus und -vorhang. Alles mehr oder weniger aus den Flaschen, die hier getrunken wurden und meistens mit irgendwelchen Namen und Sprüchen darauf. Auch ich signiere die Flasche, die ich getrunken habe, mit dem weißen Lackstift, der auf jedem Tisch liegt, und positioniere sie auf der Mauer.

Unterwegs unterhält man sich immer mal wieder mit den unterschiedlichsten Menschen. Abgesehen von dem Gruß „buen camino", also „guter Weg", entstehen immer mal wieder kleine Unterhaltungen, die entweder dadurch enden, dass einer eher schneller läuft oder aber, einer von beiden eine Pause macht. Heute erlebe ich die Variante „nicht sympathisch". Ich überhole ein Trio, bestehend aus einem Mann und zwei Frauen, die alle etwa 25 Jahre alt sind, und höre, wie er, mit einem Pilgerführer in der Hand, die Damen fragt, ob sie schon ahnen, was sie heute Abend, bevor sie die Herberge erreichen, noch machen dürfen. Ich freue mich erst mal, dass ich endlich mal wieder Deutsche treffe. Die eine der beiden Damen verdreht die Augen und fängt augenblicklich an zu jammern, dass sie keine Lust habe, schon wieder kurz vor dem Ziel einen Berg hinauf zu laufen. Es wäre immer dasselbe. Sie wolle das nicht mehr. Die zweite Dame fragt indes, ob man die Herbergen nicht einfach unten bauen könne. Mir rutscht daraufhin ein „mimimi" raus und augenblicklich wird es hier in Galicien eiskalter Winter. Während der Kerl ungemein breit grinst, sterbe ich fürchterliche Tode unter den Blicken der beiden Damen. Aber immerhin sind sie kommunikativ!

„Wir haben ja auch schon über 200 Kilometer in den Knochen!" trumpft die kleinere der beiden Damen auf. „Aha" denke ich. Immerhin in Astorga oder León gestartet. „Ich schon über 700 Kilometer" sage ich und lächle freundlich. Der nun folgende Einwand wiegt so schwer, dass mir nichts mehr einfällt und ich mich geschlagen geben muss. „Was hat das denn damit zu tun?"

In O Pedruzo komme ich in einer Herberge unter, die weniger einen Hospitalero als einen Pförtner hat. Dieser sitzt hinter einer Glasscheibe und hat ein in den Tresen eingelassenes Schubfach, um Geld und Ähnliches zu überreichen. Das Bett darf ich frei wählen und so nehme ich eins unten und am Ende des Raumes. Nachdem ich mein Bett bezogen habe, hole ich mir bei dem Pförtner noch Münzen für die Waschmaschine und den Trockner und stopfe soviel Klamotten wie möglich in die Waschmaschine. So sitze auch ich mal nur mit Regenhose, Regenjacke und Flipflops am Körper da und warte darauf, dass die Wäsche fertig wird. Der Vorteil daran ist, dass ich anschließend zwei saubere Garnituren mein Eigen nenne. Eine für den letzten Tag, morgen komme ich ja in Santiago an, und die Zweite für den Heimweg.

Während ich warte, erreiche ich endlich das Buchungsportal, um meinen Namen auf dem Flugticket ändern zu lassen. Die hilfsbereite Dame am Telefon schaut nach den Konditionen der Fluggesellschaft und stellt leider fest, dass man maximal drei Buchstaben ändern kann. Dafür ist die Stornierung aber kostenlos. Und schon sitze ich in Nordspanien und muss kurzfristig einen neuen Flug finden. Die Dame am Telefon hatte mir noch ihr Beileid ausgedrückt, da sie nicht versprechen könne, dass ich noch mal einen günstigen Flug bekäme. Ich bemühe die App des Portals erneut. Der neue Flug geht dann morgens um 6.30 Uhr los. Erst nach Madrid, dort dann etwa vier Stunden Aufenthalt und dann weiter nach Frankfurt. Das Ganze kostet mich nur 280 Euro und da das Gepäck schon inklusive ist, ist der Flug tatsächlich günstiger als der erste, den ich gerade storniert habe.

Gegen 19 Uhr suche ich mir ein Restaurant für das Abendessen. Ich frage den Kellner höflich nach einem Platz und er erklärt mir, dass ich Glück hätte, da er noch genau einen Platz frei hätte, und zeigt auf einen Tisch, an dem zwei Damen im Alter von etwa 45 Jahren sitzen. Der restliche Gastraum ist leer. Er lächelt schelmisch und ich frage die beiden Damen, ob ich mich setzen dürfte, was diese bejahen. Nun ist der Wirt ein wenig entsetzt und erklärt uns, dass es ein Spaß sein sollte und ich mich natürlich auch an einen anderen Tisch setzen könne. Allerdings bestehen wir drei nun darauf, so sitzen zu bleiben. Die Damen sind ebenfalls Pilger und stammen aus Kanada. Sie sind in León gestartet, weil sie nicht so viel Zeit haben, und wollen jetzt von mir möglichst viel über die Strecke vor León wissen. Während des Erzählens erwähne ich auch, dass ich beinahe jeden Tag einen Ohrwurm hatte, heute war es übrigens „I´m Gonna Be" von „The Proclaimers", und nun darf ich erst einmal erklären, was denn ein „earworm" ist. Also zum Überleben reichen meine Englischkenntnisse ja aus, aber hier geht es halt gerade nicht ums Überleben. Nach einer kurzen Erklärung stellt eine der Damen fest, dass ich einen „catchy tune" meinen müsse. Schließlich wollen sie noch Beispiele haben und um ihnen nicht mit „Das Wandern Ist Des Müllers Lust" zu kommen, erwähne ich „Go West" von den „Pet Shop Boys". Das allerdings kennen die Damen nicht. Weder das Lied noch die Gruppe ist ihnen bekannt. Wie gut, dass es das Internet gibt. So rufe ich das Lied mal eben auf und lasse es spielen. Ich bin schockiert. Die Zwei kennen es wirklich nicht, finden es aber toll. Zum Abschluss des Essens kommt der Wirt mit vier Gläsern und einer Schnapsflasche. Als Entschuldigung besteht er darauf, mit uns einen Schnaps zu trinken. Es werden dann doch drei.

Mein letzter Pilgertag beginnt schon um sechs Uhr. Da stehen nämlich ein paar Pilger auf und plappern los, als wären sie die Einzigen im Raum. Knappe 15 Minuten später stehe ich auch auf. Schon beinahe zärtlich packe ich meinen Schlafsack und meinen zum Kopfkissen umfunktionierten Transportbeutel ein. Es war das letzte Mal, dass ich diese Dinge brauchte. Für die nächste Nacht habe ich beschlossen, in einem Hotel mit Shuttleservice zum Flughafen zu übernachten, da ich ja schon sehr früh am Flughafen sein muss. Auf dem Flur, der zum Ausgang führt, treffe ich eine Asiatin, die mich anschaut und freudig verkündet „last day". Die Freude, die sie empfindet, sieht man ihr deutlich an. Ich bin das Gegenteil. Voller Melancholie verlasse ich das Hotel und gehe auf meine letzten zwanzig Kilometer des Weges. Nicht, dass ich mich nicht freuen würde, aber irgendetwas fehlt mir. Keine 45 Minuten später mache ich erst einmal eine Frühstückspause.

Ich betrete die Bar und habe sofort das Gefühl in Deutschland zu sein. Nicht irgendwo, sondern in einer Autobahnraststätte. Es ist eine Selbstbedienungsbar. Man fängt ganz links an. Dort stehen Tabletts, Besteck sowie die Gläser und der sonstige Zugang zu den Theken ist mit einem Band abgesperrt. Im ersten Schrank stehen die Getränke, am zweiten ist das Rollo unten, aber der dritte ist wieder offen und bietet von Joghurt über Sandwiches bis zum Kuchen alles für das Frühstück. Es folgen Snacks, eine Orangenpresse für frischen Orangensaft, Schalen, das Müsli für die Schalen, ein Kaffeeautomat und schließlich die Kasse. Dort angekommen, fragt mich die dort stehende Dame, ob ich ein Glas für die Cola haben möchte, und das in perfektem Deutsch. Ich muss wohl ziemlich verdattert ausgesehen haben, denn die nächste Frage lautet: „Wunderst du dich woher ich weiß das du Deutscher bist?". Natürlich wundere ich mich. Schließlich habe ich weder ein Fähnchen noch einen Schriftzug an mir, der wie eine Leuchtreklame verkündet, dass hier ein Deutscher läuft. Der Geldbeutel eines namhaften Outdoor-Herstellers hat mich verraten. Diese Marke haben fast ausschließlich Deutsche erklärt mir die ebenfalls aus Deutschland stammende Dame. Bis der nächste Kunde kommt, quatschen wir ein wenig.

Bei strahlendem Sonnenschein setze ich mich draußen auf die Terrasse vor der Bar. Eine Dame, die dort bereits sitzt, wird von drei wohlgenährten Katzen belagert. Das ändert sich prompt, als ich die Frischhaltefolie meines Sandwiches entferne. Auf dieses Geräusch, wenn sich die aneinanderklebenden Folien voneinander lösen, scheinen die Katzen trainiert zu sein. Und nun werde ich von Katzen belagert. Regelrecht weinend klingt ihr Miauen, während sie sich an den Stuhlbeinen entlang schieben. Wie gut, dass ich selbst Katzen habe und genau weiß, dass diese nicht am Hungertuch nagen.

Auf dem Weg zum Flughafen sieht und durchquert man eine Eukalyptusplantage nach der anderen. Frisch eingepflanzt bis abgeerntet ist alles dabei, nur kein natürlicher Wald. In dem kleinen Ort San Paio ist die Kommerzialisierung des Weges schon so weit fortgeschritten, dass sogar die Kirche ihren Stempel gegen eine „Spende" in das Büchlein drückt. Und dann kommt der „Monte do Gozo", der Berg der Freude. Die größte Freude ist vermutlich die der Händler, die hier allerlei Kleinkram zu Geld machen. An der Stelle, an der ich das schöne Denkmal von den beiden Pilgern erwartet habe, die das erste Mal die Kathedrale von Santiago sehen, steht ein in meinen Augen hässlicher Betonklotz. Enttäuschung ist gar kein Ausdruck für das, was ich hier empfinde. Stinkig, wie ich bin, will ich nur noch nach Santiago und die Reise endlich abschließen.

Hätte ich doch bloß mal einen Blick in die Karte oder meinen Reiseführer riskiert. Dann hätte ich nämlich gesehen, dass das von mir gesuchte Denkmal etwa 500 Meter weiter im Park stand. Ich hätte einfach dort entlang, durch den Park, gehen können und wäre nach der öffentlichen Herberge wieder auf den Originalweg gestoßen.

Die letzten fünf Kilometer renne ich regelrecht. Nach 45 Minuten stehe ich vor der Kathedrale. Nicht einmal an dem Willkommensschriftzug von Santiago habe ich Halt gemacht. Endlich stehe ich da, wo ich seit 800 Kilometern hin möchte. Ein einziger Gedanke schießt mir durch den Kopf: „Aha!". Das ist nicht unbedingt das, was man nach all den Strapazen erwartet. Um mich herum liegen sich Menschen in den Armen, tanzen und freuen sich und ich empfinde einfach gar nichts. Ich fühle mich nur unwohl und vor allem einsam.

Ich habe aber noch zwei Punkte, die ich abarbeiten möchte. Der Erste ist die Urkunde. Die Compostela bekommt man nicht mehr in der Kathedrale, sondern in dem Pilgerbüro, dass etwa 250 Meter von hier entfernt steht. Dort ist allerdings Geduld gefragt, denn vor dem Büro, in dem an fünf Plätzen Urkunden geschrieben werden, steht eine Schlange, die den ganzen Gang entlang führt. Dann geht es um die Ecke und die Schlange führt einen weiteren Gang entlang. Da es hier keine Ecke mehr gibt, um die die Schlange herum gehen könnte, verlässt die Schlange das Gebäude und führt durch den Garten. Etwa dreißig Meter sind es im Moment. Und das ist noch wenig. Ungefähr 1,5 Stunden später habe ich meine Urkunde. Der Geschichte nach wurden mir soeben alle meine Sünden vergeben. Das hat sich gelohnt.

Da mein Hotel ein gutes Stück außerhalb von Santiago liegt und man die Kathedrale nicht mit Rucksack betreten darf, gebe ich ihn in einem Depot ab. Dieses Geschäftsmodell finde ich im Ansatz gut, leider muss der Rucksack aber vor 18 Uhr abgeholt werden. Das ist insofern schlecht, als dass der Gottesdienst in der Kathedrale erst später beginnt. Ich werde also nicht sehen, wie der Botafumeiro, ein etwa 54 Kilogramm schweres Weihrauchfass, durch die Kathedrale geschwenkt wird. Entschädigt werde ich dafür beim Anstellen für die Umarmung der Jakobus-Statue in dem Hauptaltar. Ziel der Pilgerschaft ist es nämlich nicht, vor der Kathedrale zu stehen, sondern die Statue zu umarmen, dem Heiligen Jakobus zu danken, und anschließend darf man seine Wünsche und Bitten äußern. Normalerweise steht hier eine sehr lange Schlange. Ich schaue dreimal hin, um mich davon zu überzeugen, dass es hier durch den Gang vor mir zu der Statue geht. Hier steht nämlich niemand. Und so habe ich die Statue ganz für mich alleine und kann den Moment sogar ausgiebig genießen. Bei mir fließen hier oben die letzten Tränen auf dem Jakobsweg, denn ab jetzt bin ich kein Pilger mehr.

Ganze drei Stunden lang bummle ich durch die Straßen Santiagos, ohne auch nur eine Ahnung davon zu haben, was ich hier soll. Die Straßen sind wunderschön. Bars, Restaurants, Cafés werben mit Auslagen um Kunden und in den Geschäften gibt es reichlich Souvenirs zu kaufen. Ich esse ein letztes Mal Tapas und fahre dann mit dem Bus in mein Hotel.

Die Bushaltestelle, an der ich aussteigen muss, liegt direkt am Jakobsweg. Vor etwa zehn Stunden bin ich genau an dieser Bushaltestelle über die Nationalstraße gelaufen und hatte keine Ahnung, dass nur 300 Meter von hier entfernt, mein Hotel steht. An der Rezeption frage ich nach dem Shuttleservice zum Flughafen. Einen Platz haben sie morgen um diese Uhrzeit noch frei. Das Zimmer ist beinahe schon luxuriös. Ein Doppelbett mit viel Platz rundherum, ein Schreibtisch mit Fernseher und im Bad eine Badewanne. Es gibt auf dem Jakobsweg nichts Schöneres als Badewannen. Ich habe noch nicht einmal auf dem Bett probegelegen, aber die Badewanne füllt sich bereits mit wohlig warmen Wasser. Nicht einmal zehn Zentimeter hoch steht das Wasser in der Wanne, als ich mich hinein setze. Nachdem mein Körper komplett mit Wasser bedeckt ist, drehe ich den Hahn ab und genieße einfach nur die wohlige Wärme. Leider wird auch das wärmste Wasser mal kalt und ich wende mich nach dem abtrocknen meinem Rucksack zu.

Der Rücktransport eines Rucksacks im Flugzeug kann einen schon vor Herausforderungen stellen. Nicht jede Airline ist bereit, diesen als Handgepäck zu akzeptieren und um ihn als Gepäckstück aufgeben zu können, muss er transportbandtauglich sein. Da ein Rucksack jedoch über lauter abstehende Bändel und Schlaufen verfügt, die sich beim Transport über ein Förderband irgendwo verfangen können, muss man den Rucksack ein wenig präparieren.

Zunächst hole ich alles aus dem Rucksack, was ich heute Nacht oder morgen noch brauche. Geldbeutel, Waschsachen, Lesebrille, Kopfhörer, Ladegerät, EC-Karte und mein Entchen. Damit ich das morgen früh nicht alles in die Hosentasche stopfen muss, nehme ich einen der Transportbeutel aus dem Rucksack, der mir morgen als Handgepäck-Tasche dienen darf. Anschließend verpacke ich alles andere in dem Rucksack, ziehe alle Bänder straff und wickle ihn anschließend in Frischhaltefolie ein. Lediglich die Trageschlaufe lasse ich beim Umwickeln aus. Zum einen muss ich den Rucksack ja tragen und irgendwo wollen die Herrschaften am Check-in ja ihr Label befestigen. Meine letzte Nacht in Spanien verbringe ich in einem urgemütlichen Bett.

Wenn man über Wochen hinweg gewöhnt ist, morgens den Rucksack zu packen, um weiter zu laufen, kommt man sich auf einmal verloren vor, wenn man aufsteht und diesem Trott nicht mehr folgen muss. Als würde etwas fehlen, schaue ich dreimal nach, ob ich auch wirklich alles habe. Da ich aber alles an Kleidung anhabe, was man typischerweise trägt, also von Unterwäsche bis zur Jacke, kann nichts mehr fehlen. So ziehe ich das Bett glatt und gehe in die Hotel-Lobby.

Es geht heim

Um 5.00 Uhr soll das Shuttle fahren. Mir persönlich wäre eine halbe Stunde früher lieber gewesen, aber den restlichen Mitfahrern nicht und ich musste mich anpassen. Die Dame am Empfang hatte mir aber erklärt, dass man in Santiago nicht zwei Stunden vor Abflug am Flughafen sein müsse, vor allem nicht so früh am Morgen. Um 5.10 Uhr ruft die Empfangsdame dann aber auf den Zimmern der Anderen an und mahnt zur Eile. Die sehen das aber anscheinend nicht so eng und so sitze ich zehn Minuten später alleine mit der Dame vom Empfang im Shuttle-Fahrzeug und werde zum Flughafen gefahren.

In dem Terminal ist es tatsächlich sehr ruhig. Drei Schalter sind besetzt. Einer ist trotzdem geschlossen, an dem Zweiten stehen etwa 15 Leute an und am „First/ Business Class"-Schalter scheint sich die Dame fürchterlich zu langweilen. Bei so viel Auswahl ist es schwer zu erraten, an welchen Schalter ich muss. Vorsichtshalber möchte ich die Flugnummer überprüfen und rufe das Ticket im Handy auf. Ich stutze. Als das Ticket kam, hatte ich sofort meinen Namen überprüft, um sicherzugehen, dass dieser nicht wieder falsch ist. Auch die Flugrichtung hatte ich kontrolliert. Jetzt entdecke ich noch ein kleines Wort auf dem Ticket, dass beim Fliegen einen recht deutlichen Unterschied macht. Auf dem Ticket steht tatsächlich „Business".

Ein wenig unsicher gehe ich zu dem leeren Schalter und die dortige Dame setzt sofort ihr Lächeln auf. Unsicher frage ich, ob ich hier richtig wäre, und zeige der Dame mein Ticket. Sie bestätigt es und ich darf einchecken. Als ich mich zum Gehen abwende, geht hinter mir das Licht aus und die Dame verlässt den Schalter. Die hatte anscheinend nur noch wegen mir hier gesessen.

Auch an der Sicherheitskontrolle muss ich mich nicht an der fünf Personen langen Schlange anstellen, die sich an der Kontrollstelle für das gewöhnliche Volk gebildet hat. Ich darf auch hier an einen extra Schalter gehen. Aber hier wird nach mir nicht das Licht ausgeschaltet, die Damen und Herren bleiben stehen. Am Gate angekommen, darf ich natürlich als Erster in das Flugzeug und die Holzklasse-Passagiere dürfen anschließend an mir vorüber ziehen.

Während des einstündigen Fluges nach Madrid genieße ich ein sehr leckeres Frühstück bei einem wunderschönen Sonnenaufgang. Die Stewardess ist sehr nett, zuvorkommend und nimmt sich alle Zeit der Welt für mich. Ich bin nämlich der einzige Business-Kunde in dem Flugzeug, was auch erklärt, warum das Licht am Check-in-Schalter hinter mir aus ging. Nach der Landung stelle ich fest, dass ich eindeutig nicht in einem Touristenflieger bin. Hier klatscht niemand für die bravouröse Landung. Hier wissen anscheinend alle Fluggäste, dass der Pilot das sowieso nicht hört.

Knappe vier Stunden darf ich mir nun den Terminal vier in Madrid ansehen. Nach der dritten Runde habe ich den Rundlauf satt. Am interessantesten finde ich das Geschäft mit spanischem Schinken. So lecker wie der ist, hier kann man richtig arm werden. Hier rufen sie für einen Schinken mal eben 400 bis 500 Euro auf. Da es hier zeitweise recht einsam ist, komme ich mit dem Verkäufer ins Gespräch und darf die feinen Unterschiede der Schinken kosten. Es ist schon interessant, wie unterschiedlich die Schinken schmecken.

Auch hier in Madrid darf ich als Erster an Bord des Flugzeuges gehen. Kurz nach mir kommt hier sogar noch ein zweiter Business-Passagier. Er ist vom Eindruck her auch eher der typische Gast in dieser Kategorie. Jung, Anzug und kaum sitzt er, hat er auch schon den Laptop ausgepackt und schreibt. Ich sitze wieder entspannt da und lasse erneut das einfache Volk an mir vorüber ziehen. Um 12.30 Uhr gibt es Mittagessen, dass aus Vorspeise, Hauptspeise, Nachspeise und einem kleinen Fläschchen Wein besteht. Während der Geschäftsmann jegliche Versorgung ablehnt und nervös seiner Arbeit nachgeht, werde ich von der Stewardess schon beinahe bemuttert.

Um 14 Uhr setzt das Flugzeug in Frankfurt auf. Kaum bin ich am Gepäckband angekommen, bekomme ich eine Nachricht auf mein Handy, dass sich mein Gepäck noch in Madrid befindet. Ein wenig fassungslos starre ich auf diese Nachricht. Ganze vier Stunden war ich in Madrid und die haben es nicht geschafft, meinen Rucksack in dieser Zeit von einem in das nächste Flugzeug zu packen. Das finde ich schon ein wenig beschämend für das dortige Personal. Wie gut, dass ich nicht auf dem Hinweg geflogen bin, da wäre der Verlust des Gepäcks einem Schlag in die Magengrube gleich gekommen. Jetzt hinterlasse ich meine Adresse und mache mich auf den Heimweg. Das einzige Problem daran ist der Schalter der Fluglinie. Erst nachdem ich mich telefonisch beschwere, wird dieser besetzt. Wenigstens bin ich nicht der Einzige, dessen Gepäck nicht mitgeflogen ist. Als der Schalter öffnet, stehen wir hier zu dritt.

Am selben Bahnhof, an dem ich meine Pilgerreise begann, endet sie auch und meine Frau holt mich am Zug ab. Ich freue mich, sie endlich wieder in meinen Armen halten zu können, doch leider fällt die Begrüßung mit einem „Hallo" recht kühl aus. Ich vermute, dass sie einfach nur nervös ist. Sie hat im Vorfeld viele Berichte von Pilgern gelesen, die nach der Pilgerreise Frau und Kinder verlassen sowie ihren Job gekündigt haben, um ein vollkommen neues Leben zu führen. Die Zeit wird ihr zeigen, dass ich keine dieser Ambitionen habe.

Nachtrag

Über zweieinhalb Jahre sind seit meinem Jakobsweg vergangen. Ich wollte den Jakobsweg gehen, um wieder voller Energie meinem Leben nachgehen zu können. Ich wollte die dauernde Müdigkeit und Antriebslosigkeit loswerden und als Beiwerk wollte ich auch das Rauchen aufgeben.

Nichtraucher bin ich tatsächlich geworden. Nicht zu dem Zeitpunkt, zu dem ich das wollte, das wäre ab Roncesvalles gewesen, aber ab dem Cruz de Ferro. Das eigentliche Ziel habe ich aber zu meinem Leidwesen, nicht erreicht.

Auch ich musste lernen, dass der Jakobsweg einem nicht das gibt, was man möchte, sondern das, was man braucht.

Mich hat der Jakobsweg ebenfalls verändert. Im Vergleich zu heute war ich früher schon beinahe gefühlskalt. In den seltensten Fällen habe ich Emotionen, wie zum Beispiel Trauer, empfunden. Meine Frau habe ich schon immer geliebt, aber im Vergleich war das nichts zu meinen jetzigen Gefühlen für sie. Die Liebe, die ich für sie empfinde, scheint endlos geworden zu sein und ich bin froh, dass es so ist.

Was die Müdigkeit und die Antriebslosigkeit angeht, so ist auch diese mittlerweile behoben. Nach einigen Nächten in einem Schlaflabor habe ich nun nachts ein Beatmungsgerät, welches die Atemaussetzer, die ich im Schlaf habe, quasi ausgleicht. Ich habe nämlich Schlaf-apnoe-Syndrom und dagegen hilft kein Jakobsweg.

Mit dem heutigen Wissen um das Resultat meines Jakobsweges in der Zeit zurückversetzt, würde ich ihn sofort wieder laufen, um das Resultat wieder zu erlangen.

Zeitfracht Medien GmbH
Ferdinand-Jühlke-Straße 7
99095 Erfurt, Deutschland
produktsicherheit@kolibri360.de